# RITES ET CULTES DANS LE MONDE ANTIQUE

CAHIERS DE LA VILLA « KÉRYLOS », N° 12
BEAULIEU-SUR-MER (ALPES-MARITIMES)

TABLE RONDE

# RITES ET CULTES DANS LE MONDE ANTIQUE

ACTES

PARIS
DIFFUSION DE BOCCARD
11, rue de Médicis
2002

Édité avec le concours de la Fondation pour le Lexicon Iconographicum
Mythologiae Classicae *(LIMC)*



ISSN : 1275-6229
ISBN : 2-87754-133-9

# RITES ET CULTES DANS LE MONDE ANTIQUE

**Actes de la table ronde du *LIMC***
**à la Villa Kérylos**
**à**
**Beaulieu-sur-Mer**
**les 8 & 9 juin 2001**

*Sous la présidence du*

Professeur Jean LECLANT
*Conservateur de la Villa Kérylos*
*Secrétaire perpétuel de l'Académie des Inscriptions et Belles-Lettres*

*et la direction du*

Professeur Jean Charles BALTY
*Associé étranger de l'Académie des Inscriptions et Belles-Lettres*

*Édités par*

Madame Pascale LINANT DE BELLEFONDS

# PRÉAMBULE

Chers Amis,

Combien de fois, au cours des réunions du groupe si fidèle du *LIMC* devenu aujourd'hui celui du *ThesCRA (Thesaurus Cultus Rituumque Antiquorum)*, n'avons-nous pas évoqué la Villa Kérylos, un lieu en quelque sorte magique pour les amis de la culture antique, un foyer ardent de ceux qui consacrent leur vie à l'étude des civilisations qui se sont épanouies sur les côtes de cette mer éblouissante : la Méditerranée. Que de conversations sur ce thème avec notre chère Lilly, à Bâle, à Athènes, au lointain Getty sur les bords tumultueux de l'océan Pacifique, à Paris.

Paris, car les liens entre *LIMC* et Académie des Inscriptions et Belles-Lettres ont toujours été très étroits. Lilly Kahil n'est-elle pas correspondant de notre Compagnie depuis 1992 — et plus d'un ici sont liés étroitement aux travaux du quai de Conti. Ils sont donc chez eux à la Villa Kérylos, qui a été léguée à l'Institut de France en 1928 par Théodore Reinach ; conçu et réalisé avec l'architecte Emmanuel Pontremoli entre 1905 et 1908, cet édifice de rêve est un des témoins les plus prestigieux de la Belle Époque ; c'est aussi un parfait symbole de la présence et de la permanence de l'hellénisme hors de la Grèce — plus précisément cette Villa grecque, sur la pointe des Fourmis qu'enserre le rire éblouissant des flots, ne rappelle-t-elle pas la maritime Délos, face à cette magnifique falaise d'Èze qui rivalise de hardiesse avec les roches Phaidriades de Delphes ?

Le projet de nous réunir ici pour cette table ronde consacrée à « Rites et cultes dans le monde antique » a occupé de longues semaines le Secrétaire général Jean Charles Balty et M^me^ Josette Roth d'une part et d'autre part Régis Vian des Rives, alors administrateur de la Villa grecque ; fort attaché à ce projet, ce dernier ne sera pas parmi nous. Car, depuis le 1^er^ mars, la Villa grecque est régie par un nouveau statut, une délégation de service ayant été attribuée par l'Institut de France à la société Culture-Espaces.

C'est donc une nouvelle formule que nous étrennons ce matin. Je souhaite qu'elle conserve à notre réunion le charme et l'efficacité qui ont été le privilège au cours des dernières années d'une longue suite de colloques : onze jusqu'à ce jour. Nous espérons tous que l'organisation nouvelle permettra à la Villa Kérylos de continuer à jouer ce rôle qui l'a distinguée, au cours de toutes ces récentes années, parmi les diverses institutions culturelles de la Côte d'Azur.

C'est dans cet espoir, chers Amis du *LIMC-ThesCRA*, que je vous accueille et que je vous souhaite une suite d'entretiens et de travaux fructueux.

Jean LECLANT
Secrétaire perpétuel
de l'Académie des Inscriptions
et Belles-Lettres
Conservateur de la Villa Kérylos

# AVANT-PROPOS

*A la mémoire de Philippe Bruneau*

Lilly Kahil avait précédé Philippe Bruneau d'une dizaine d'années à l'École française d'Athènes, mais c'est là cependant qu'ils se rencontrèrent, dans le courant des années soixante, à l'occasion d'un de ces retours en mission qu'y font les « anciens » pour préparer l'édition d'une fouille achevée. Cette vieille et solide camaraderie athénienne décida de la participation de Philippe au *Lexicon Iconographicum Mythologiae Classicae* (*LIMC*) dont le plan s'élaborait au début des années soixante-dix et dont il fut, dès la première heure, membre du comité de rédaction. Il avait rédigé, en 1974, pour les futurs collaborateurs de l'entreprise, un de ces « articles modèles », montrant comment reclasser les images et en assurer un commentaire strictement iconographique, sur une des figures (*Isis Pelagia*) qu'il avait, à plusieurs reprises, longuement étudiée dans le *Bulletin de Correspondance hellénique* (1961, 1963 et 1974). Dans toutes nos réunions de travail, son souci de rigueur, de concision et de logique — là où d'autres, parfois, n'en ressentaient pas toujours, au même point, l'impérieuse nécessité — créa les conditions indispensables pour un bon départ et fut pour beaucoup dans la réussite du projet.

Il rédigea aussi, pour le tome II (*s. v.* « Ares », p. 479-492), le volet grec d'un de ces articles sur les « grands dieux », les douze Olympiens, dont cinq, par un hasard de l'ordre alphabétique fâcheux pour une entreprise débutante, devaient obligatoirement se trouver dans les tout premiers volumes et ne pouvaient être renvoyés à plus tard, réussissant d'ailleurs le tour de force de présenter cent vingt documents figurant l'Arès archaïque, classique et hellénistique en quatorze pages, dont cinq de commentaire qu'on relira toujours avec profit : tout y est clairement dit en matière de critères d'identification d'une image mythologique, d'identification aussi d'un type statuaire mentionné par la tradition littéraire antique, de fonctionnement de l'iconographie et de la valeur relative des témoignages conservés — avec l'insoluble problème de la signification d'une réelle répartition spatio-temporelle de nos documents. En peu de mots, mais avec un sens aigu du raisonnement correct, Philippe posait les fondements théoriques de la réflexion archéologique et historique, sur lesquels il est revenu par la suite avec beaucoup de justesse et de brio dans l'expression.

Il avait participé, depuis lors, aux premières réunions de ce qui est devenu le *ThesCRA* (*Thesaurus Cultus et Rituum Antiquorum*), essayant notamment de lui trouver un sigle moins « barbare » que celui qu'on fut bien obligé d'adopter, un sigle aussi qui correspondît le mieux possible à ce que se proposait d'être ce complément au *LIMC*, qui n'est peut-être pas véritablement un *Thesaurus* dans toute l'acception du terme. Son état de santé l'obligea à renoncer à certaines de nos réunions qui impliquaient de trop longs déplacements. Mais il avait, cette fois encore, accepté de réaliser un plan de chapitre martyr sur les rites et activités relatifs aux images de culte, afin que chacun puisse se rendre compte de la part que prendraient, dans le chapitre définitif, sources littéraires, *realia* et images auxquels on avait souhaité réserver un traitement sensiblement égal, si faire se pouvait. Il l'écrivit ; on en discuta au comité de rédaction, dont il faisait à nouveau partie, et il devait être, avec Pascale Linant de Bellefonds avec laquelle il demeura en contact jusqu'au bout, le coresponsable de ces pages de notre futur tome III du *ThesCRA*. Nous espérions tous que sa solide constitution saurait victorieusement résister à un mal sournois et implacable. Voulant conjurer le sort, nous avions même imaginé, jusqu'aux toutes dernières semaines, qu'il pourrait être parmi nous à Beaulieu-sur-Mer, dans cette Villa Kérylos où il eût retrouvé, au bord de la Méditerranée et dans la pureté d'une architecture à laquelle il était sensible, l'atmosphère de sa chère Délos. Philippe n'aimait pas les colloques — ni leur multiplication dans notre monde académique —, dont il sentait bien le côté artificiel et souvent vain (il s'en est expliqué dans l'un ou l'autre compte rendu de ces manifestations parfois hétéroclites). Mais il s'agissait ici de la table ronde d'un groupe de travail auquel il était profondément attaché. Nul doute qu'il y participerait. Moins d'un mois avant notre réunion, la mort l'a arraché à notre amitié et à notre admiration. Il n'était que juste que nous dédiions à sa mémoire, avec beaucoup d'émotion et une réelle reconnaissance, ces journées et ce fascicule.

Jean Charles BALTY
Associé étranger de l'Académie
des Inscriptions et Belles-Lettres

# RITES DE CONSÉCRATION DES TEMPLES À NAXOS

Le comité de rédaction du *ThesCRA* m'a confié la coordination du chapitre « Consécration, Rites de fondation ». En effet, les rites de fondation sont une activité majeure de consécration. J'ai donc choisi de présenter aux participants de cette petite table ronde quelques trouvailles récentes à Naxos concernant la fondation ou la consécration des bâtiments religieux comme un échantillon de notre travail sur ce sujet. Puisse le fait que notre première table ronde sur les cultes et les rites commence avec une contribution sur la « consécration de la fondation » être un heureux auspice pour la réussite du *ThesCRA*.

Le rituel de fondation des bâtiments sacrés est très bien connu pour l'Égypte et l'Orient, par des textes aussi bien que par des trouvailles [1]. Ce n'est pas le cas pour la Grèce, où ce que nous savons de ce domaine est très mince et souvent incertain [2]. Cette différence a certainement à faire avec le riche rituel de fondations développé dans les cours royales de l'Orient, qui n'existait pas en Grèce, mais aussi avec une certaine inattention des fouilleurs des pays grecs en ce qui concerne les indices de cette activité. C'est pour cela que les vestiges d'une telle activité mis au jour par les fouilles plus attentives d'aujourd'hui sont précieux.

Il est déjà connu qu'un grand sanctuaire fut découvert et systématiquement fouillé à Yria pendant les années 1986-1997, à une courte distance au sud de la ville de Naxos. Il est très probable qu'il

---

1. H. Bonnet, dans *Reallexikon der Aegyptischen Religionsgeschichte*, 1952, p. 264 ; P. Montet, « Le rituel de fondation des temples égyptiens », *CRAI*, 1960, p. 172-178 ; J. M. Weinstein, *Foundation Deposits in Ancient Egypt*, 1973 ; B. Letellier, dans *Lexikon der Aegyptologie* II/6, 1978, p. 906-914 ; IV/3, 1985, p. 385 sq ; W. Burkert, « Die Orientalisierende Epoche in der griechischen Religion und Literatur », *Sitzungsberichte der Heidelberger Akademie der Wissenschaften*, 1984, p. 55 ; E. Douglas van Buren, *Foundation Figurines and Offerings*, Londres, 1931 ; R. S. Ellis, *Foundation Deposits in Ancient Mesopotamia*, New York, 1968 ; S. A. Rashid, dans *Reallexikon der Assyrologie* III, 1971, p. 655.

2. W. Burkert, *art. cit.* (n. 1), p. 55 sqq. ; U. Sinn, « Der sog. Tempel D im Heraion von Samos II. Ein archäologischer Befund aus der nachpolykratischen Zeit. Mit einem Exkurs zum griechischen Bauopfer », *Mitteilungen des deutschen Archäologischen Instituts, Athenische Abteilung* 100, 1985, p. 130-141.

appartenait à Dionysos, dieu patron de Naxos[3]. On y a dégagé les restes successifs de quatre temples, qui retracent sans lacunes les premiers pas de l'architecture insulaire vers le style ionien monumental. Le premier temple est un petit bâtiment du début du VIII^e siècle av. J.-C., situé sur un sol peu élevé dans un paysage marécageux. Pour assurer la circulation autour du temple et pour le protéger des inondations, on avait construit des murs de soutènement successifs du côté où le marécage était plus profond, tandis que sur les autres côtés, on avait consolidé le sol avec des pierres. Le second temple, des environs de 730 av. J.-C., est une grande salle à quatre nefs, avec un autel au centre. Le troisième est plutôt un remaniement du temple précédent, où apparaissent avec des matériaux traditionnels les éléments principaux du bâtiment prostyle ionien à trois nefs déjà dans le premier quart du VII^e siècle. Le quatrième temple est une version monumentale primitive de ce même style. Il fut bâti entre 580 et 550 av. J.-C., en pierre locale et en marbre pour les parties caractéristiques, et resta en usage jusqu'au XII^e siècle ap. J.-C. Il subit une réparation majeure à l'époque impériale et fut plus tard converti en une église chrétienne.

La fouille a mis au jour des indices pour des rites de fondation ou simplement de consécration associés avec les temples d'Yria. Mais les trouvailles concernant le premier bâtiment sont plus qu'un indice : tout près du côté sud-est des pierres qui entouraient le temple et qui jouaient le rôle d'un premier mur de soutènement à l'endroit où le marais était le plus profond (fig. 1), on a enterré le crâne d'un taureau (fig. 2), au-dessus duquel on a déposé une cruche (fig. 3). Il est évident que les constructeurs du temple ont offert ici un sacrifice sanglant accompagné de libations pour la réussite de l'entreprise, immédiatement après la préparation du sol pour la fon-

3. V. Lambrinoudakis, « Έξη χρόνια ανασκαφικής έρευνας στα Ύρια της Νάξου », *Archaiologiki Ephemeris,* 1992, p. 201-216 ; Id., « Neues zur Ikonographie der Dirke », dans *Beiträge zur Ikonographie und Hermeneutik. Festschrift N. Himmelmann*, H.-U. Cain, H. Gabelmann et D. Salzmann éd., Mayence, 1989, p. 341-350 ; Id., « Beobachtungen zur Genese der Ionischen Gebälkformen », dans *Säule und Gebälk, Bauforschungs-Kolloquium in Berlin 1994*, E.-L. Schwandner éd., Mayence, 1996, p. 55-60 ; G. Gruben, « Griechische Unordnungen », *ibid.*, p. 65-70 ; Id., « Naxos und Delos. Studien zur archaischen Architektur der Kykladen », *Jahrbuch des deutschen Archäologischen Instituts* 112, 1997, p. 264-267, 300, 394 et 397 ; Id., *Ιερά και ναοί της αρχαίας Ελλάδας* (éd. grecque de : *Heiligtümer und Tempel der Griechen*, Munich, 2000), 2000, p. 380-385 ; E. Simantoni-Bournia, « Les premières phases du sanctuaire d'Hyria-Naxos d'après les objets retrouvés », *Revue archéologique*, 2000, p. 209-219 ; V. Lambrinoudakis, « The emergence of the city-state of Naxos in the Aegean », dans *The two Naxos cities : a fine link between the Aegean sea and Sicily*, M. C. Lentini éd., Palerme, 2001, p. 14.

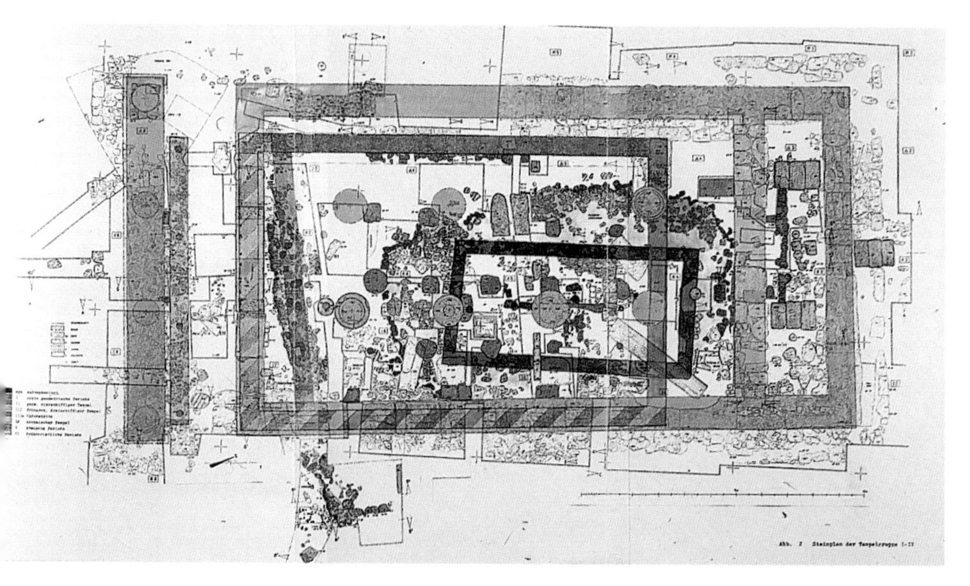

FIG. 1a. — Plan des temples d'Yria.

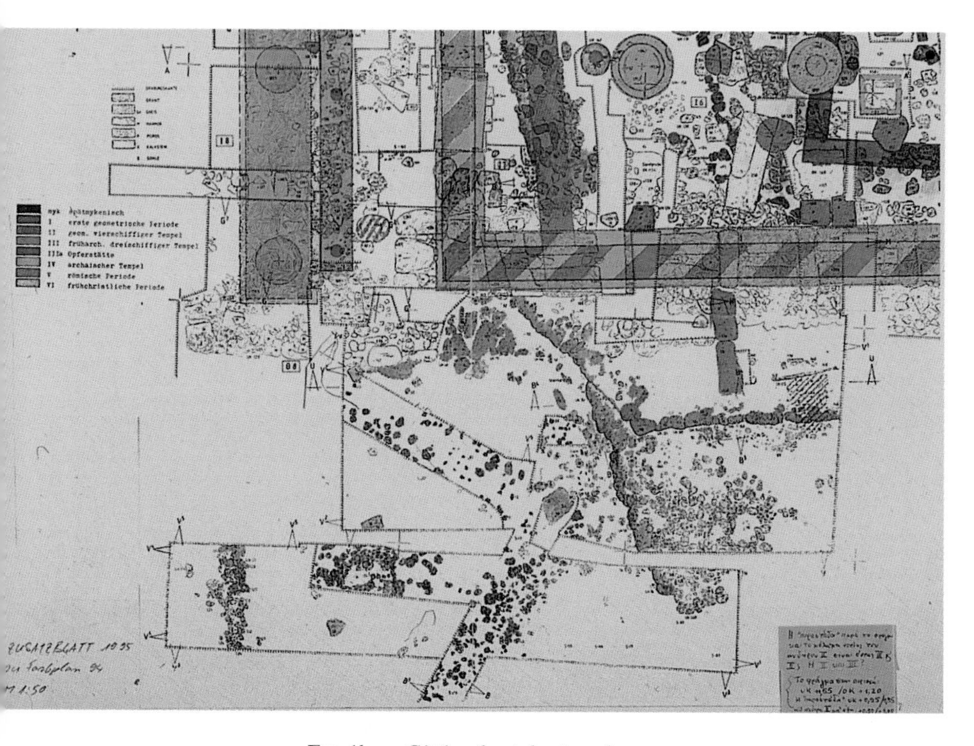


FIG. 1b. — Côté sud-est des temples.

FIG. 2. — Crâne de taureau près du premier mur de soutènement du temple I.

FIG. 3. — Cruche du début du VIIIe siècle av. J.-C. déposée au-dessus du crâne de la fig. 2.

dation du bâtiment. Les principaux éléments constitutifs de ce sacrifice, c'est-à-dire le crâne de l'animal et la cruche, ont été enterrés à l'endroit le plus fragile de la construction, pour assurer par leur force surnaturelle sa permanence. La cruche (fig. 4) est datée de la deuxième phase du Géométrique Moyen, ce qui situe la construction du temple au début du VIIIe siècle av. J.-C.

Il semble que cette certitude n'a pas duré longtemps ; il a fallu assez vite protéger les fondations de l'édifice par un mur plus fort et plus avancé dans le marais (fig. 1), qui selon toute probabilité fut consacré d'une manière semblable : au fond du marais et au niveau de la base de ce mur, on a dégagé, dans un cercle de pierres, des cendres et des os brûlés d'animaux (fig. 5). Quelques centimètres plus haut, le cercle était entouré des restes fragmentaires de trois crânes, appartenant à un veau et deux chevreaux. Pour l'interprétation de cette trouvaille, on pourrait penser qu'il s'agit d'un sacrifice normal, qui s'inscrirait dans le rituel du culte effectué au sanctuaire. En effet, la fouille a révélé qu'on offrait des sacrifices sanglants devant le temple sur la terrasse formée par ce mur de soutènement, et que les restes de ces offrandes étaient balayés de temps en temps vers le marais. Mais les cendres bordées par les pierres — pendant une période sèche, sans doute, convenable pour bâtir sur un sol marécageux — la correspondance au niveau de la fondation et la relation du cercle avec les trois crânes sont plutôt des arguments en faveur d'un acte de consécration du mur complémentaire de soutènement. La céramique la plus récente, autour des crânes, date de la fin du VIIIe siècle av. J.-C.

A la lumière des trouvailles décrites en relation avec le premier temple, il est possible d'associer le dépôt d'un crâne de chèvre avec la fondation du second temple. La situation ici n'est pas très claire : le crâne était de nouveau déposé dans les cendres d'un feu, à l'intérieur de l'angle sud-est des fondations d'un *oikos* antérieur à celui du temple monumental (fig. 1). Ces fondations appartiennent au moins à l'*oikos* rectangulaire du troisième temple, qui disposait déjà d'un front prostyle. La fouille n'a pas pu clarifier, sur ce point, si le mur frontal du deuxième temple, qui ne disposait que de l'*oikos*, était fondé sur le mur oblique de soutènement de la première phase ou s'il était déjà érigé à la place régulière de son successeur. Or, la stratigraphie de l'offrande dont nous parlons la situe dans l'horizon antérieur à l'usage du temple III, mais assez haut pour qu'on puisse l'interpréter comme un reste de l'activité cultuelle devant le premier temple. Il semble donc que nous ayons ici encore un sacrifice de fondation, qui visait à assurer l'efficacité de la

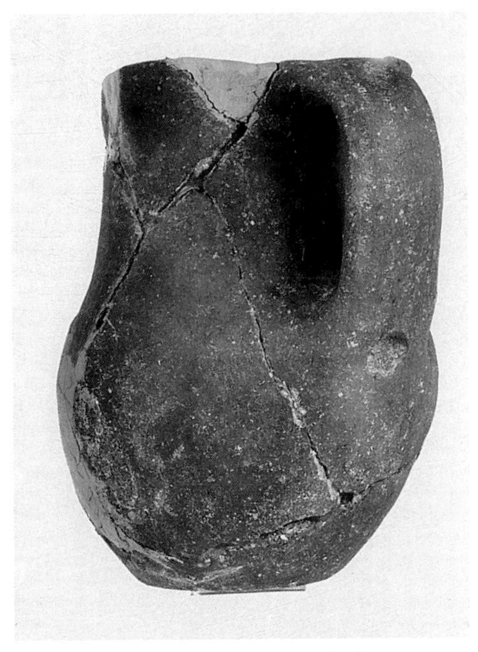

FIG. 4. — Cruche de la fig. 3.

FIG. 5. — Cercle de pierres avec cendres et os au sud-est du temple I, au niveau correspondant à sa seconde phase.

construction de l'angle sud-est du deuxième temple. Si mon argument est solide, ce temple II avait le même circuit que l'*oikos* du temple III, ce qui rendait son angle sud-est, avancé dans le marais, une fois de plus, fragile.

Le sanctuaire primitif d'Yria s'étendait jusqu'à la rive est d'un des ruisseaux qui parcouraient le paysage marécageux. Un pont assurait l'accès à l'espace sacré (fig. 6)[4]. Vers la fin du VII^e siècle av. J.-C., le ruisseau fut remblayé et, à la place du pont, on aménagea l'entrée principale du sanctuaire. En contact avec ce *propylon* primitif, on construisit un petit bâtiment à banquets (fig. 7). Je ne vais pas examiner ici si quelques-unes des concentrations de cendres couvertes par une mince couche de terre grasse, retrouvées dans les couches de construction du bâtiment à banquets qui remplirent l'ancien ruisseau, sont des restes de dîners d'adorateurs ou de constructeurs ou s'ils représentent des actes de consécration du petit bâtiment qui fut fondé dans le ruisseau remblayé. Ce qui est sûrement un dépôt de consécration à cet endroit est une fosse bordée de pierres (fig. 8) et remplie de cendres, fragments de vases et ossements, ouverte dans le remblai du pont détruit et couverte par la couche de la voie archaïque vers le temple. Il est très probable que nous ayons ici un rite de consécration d'une porte[5].

Nous allons quitter un instant le sanctuaire d'Yria pour visiter deux autres sites à Naxos, où les fouilles ont également mis au jour des preuves de l'accomplissement des rites qui nous concernent pendant l'époque archaïque. Il s'agit, d'une part, du temple très connu sur la petite île de Palatia, devant la capitale de Naxos[6], et, d'autre part, du temple fouillé en 1954 et restauré récemment à l'intérieur de l'île, à Sangri (fig. 9).

Le temple en marbre de Palatia était dédié, selon toute probabilité, à l'Apollon de Délos. Son sanctuaire, le *Délion*, est mentionné dans les sources littéraires, qui le situent *« devant la cité »* de Naxos. Cet édifice monumental fut projeté comme un périptère à six colonnes sur douze avec des colonnades doubles aux deux faces

4. E. Simantoni-Bournia, *art. cit.* (n. 3), p. 215-217.

5. La porte d'un bâtiment ou d'un *téménos* est un lieu où on trouve souvent des dépôts de consécration, W. Burkert, *art. cit.* (n. 1), p. 55 ; M. Donderer, « Münzen als Bauopfer in römischen Privathäusern », *Bonner Jahrbücher* 184, 1984, p. 177-187 ; T. Capelle, « Eisenzeitliche Bauopfer », *Frühmittelalterliche Studien. Jahrbuch des Instituts für Frühmittelalterforschung der Universität Münster* 21, 1987, p. 194.

6. G. Gruben, W. Königs, « Der " Hekatompedos " von Naxos », *Archäologischer Anzeiger* 1968, p. 693-717 ; 1970, p. 135-143 ; G. Gruben, « Naxos und Paros », *Archäologischer Anzeiger*, 1972, p. 319-366 ; Id., *op. cit.* (n. 3), 2000, p. 376-380.

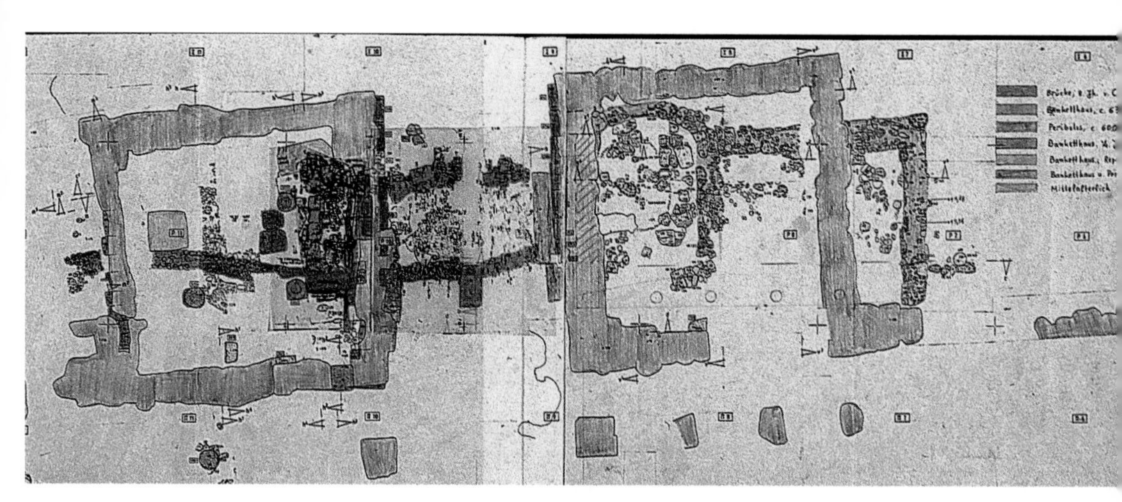

FIG. 6. — Plan du pont de la fin de l'époque géométrique, du bâtiment à banquets du VIIe siècle av. J.-C. et de son successeur classique dans le sanctuaire d'Yria.

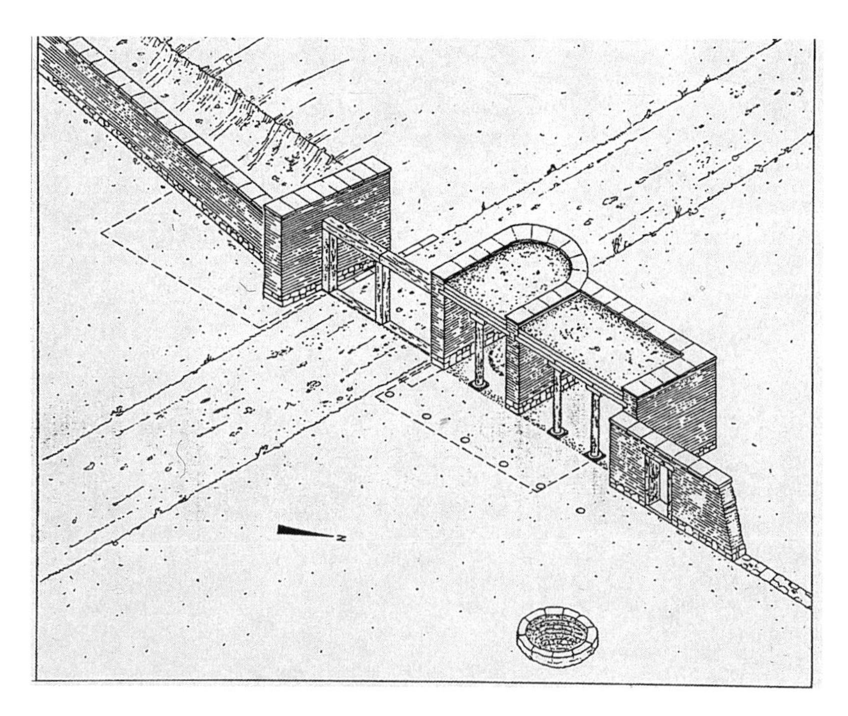

FIG. 7. — Reconstitution graphique du bâtiment à banquets de l'époque archaïque ancienne.

FIG. 8. — Fosse de consécration bordée de pierres au-dessus du pont de l'époque géométrique.

FIG. 9. — Temple archaïque de Déméter à Sangri, restauré.

antérieure et postérieure, selon toute probabilité à l'époque de la tyrannie de Lygdamis à Naxos, peu après 530 av. J.-C. On a achevé la cella, mais on n'est jamais arrivé à la construction des colonnades extérieures, vraisemblablement à cause de la chute du tyran. La fouille a montré qu'avant d'arrêter, on avait à peine commencé la première assise de la fondation des colonnes extérieures.

Cela n'empêcha pas les constructeurs d'accomplir un rite de fondation. Sous le fondement de la colonne nord-est de la cella, on a creusé une fosse, sacrifié un bélier, mis ses cendres dans la fosse et on a scellé celle-ci avec une lourde dalle (fig. 10-11). L'examen des ossements a montré que le feu dans lequel ils avaient été brûlés était très fort et que par conséquent leur chair n'aurait pu être comestible. Cela signifie que le sacrifice était un *holocauste*, offert aux divinités terrestres qui assureraient la stabilité de la construction [7]. Il est intéressant de noter que dans des cas analogues l'examen a prouvé l'existence de végétaux odoriférants dans la fosse [8].

Le lieu qu'on a choisi ici pour la consécration du bâtiment est très intéressant. Un support est naturellement un élément important pour la stabilité de la construction. Mais ici on a choisi seulement un des supports parmi plusieurs. Le fouilleur a pensé à la statue de culte [9], qui se trouverait entre cette colonne et son pendant. Si ce n'est pas un cas de *pars pro toto* (concernant toutes les colonnes), l'interprétation du rite de fondation exécuté près de la statue de culte reste la seule probable. En tout cas, le rite de fondation à Palatia présente les éléments d'une action plus systématique [10] que les autres connues dans l'île.

La fouille d'un autre sanctuaire, à Sangri, a fourni, elle aussi, de riches données concernant la fondation d'un édifice. Ce sanctuaire, situé dans une petite vallée, appartenait à Déméter et à sa fille, Koré, en commun pendant l'époque archaïque, selon toute probabilité, avec un Apollon primitif agraire [11]. A une période ancienne de ce culte chthonien de fertilité, qui s'étend du VIII^e^ au VI^e^ siècle av. J.-C., des fosses doubles, creusées dans le roc et jointes par un

7. G. Gruben, « Naxos und Paros I : Archaische Bauten », *Archäologischer Anzeiger*, 1982, p. 160-163, fig. 1b et 3.

8. Temple de Gortyne ; G. Rizza, V. Santa Maria Scrinari, *Il santuario sull'acropoli di Gortina* I, 1968, p. 24 sqq.

9. G. Gruben, *art. cit.* (n. 7), p. 162.

10. Mais qui n'approche pas le type du rituel de fondation oriental, comme c'est le cas à Samos, U. Sinn, *art. cit.* (n. 2), p. 136 sq.

11. V. Lambrinoudakis, « Το αρχαίο ιερό του Γύρουλα στο Σαγκρί της Νάξου », Υπουργείο Αιγαίου/Πανεπιστήμιο Αθηνών, *Νάξος. Το ιερό του Γύρουλα στο Σαγκρί*, 2001, p. 10 sqq. ; Id., *art. cit.* (n. 3), 2001, p. 16, 22, n. 56.

FIG. 10. — Fouille allemande du temple archaïque d'Apollon sur l'île de Palatia à Naxos.

FIG. 11. — Fosse de consécration sous le fondement de la colonne nord-est de la cella du temple d'Apollon.

canal, s'ouvraient sur un système de terrasses qui nivelaient le sommet d'une colline (fig. 12). Elles servaient vraisemblablement pour l'offrande des prémices [12]. A l'époque de Lygdamis, le tyran sous lequel on a bâti le temple de Palatia, peu après 530 av. J.-C., on construisit aussi à cet endroit un temple tout en marbre, du type d'une salle à mystères, un *télestérion*, avec une façade de cinq colonnes *in antis* et une cella plus large que profonde [13]. On a récemment restauré une grande partie de ce monument (fig. 9).

L'ante ouest de ce bâtiment, du côté où le niveau du rocher tombe brusquement vers un ravin, est fondée dans l'une des fosses des systèmes doubles déjà mentionnés (fig. 13). Du point de vue de la statique, il aurait été beaucoup plus pratique d'éviter le creux de la fosse et de placer le monument à un mètre plus à l'est, là où le rocher est plus haut et plus solide. Je crois donc que la fondation de cet angle de l'édifice dans une fosse bénie par la longue période du culte précédent fut choisie délibérément, pour procurer à l'édifice un fondement consacré [14].

Il semble qu'on puisse associer à l'édification de ce temple les restes d'une autre classe d'offrandes : on a trouvé autour du bâtiment les trous des poteaux de l'échafaudage. A l'angle sud-ouest, dont on a déjà parlé, un des trous, le premier à partir du sud, fut ouvert dans la terre consolidée de l'ancienne terrasse (fig. 14) ; le suivant, en direction du nord, dans le remblai en dehors de la terrasse. Pour cette raison une dalle était placée à sa base (fig. 15). Dans les deux trous, on a offert un sacrifice après l'achèvement du travail et l'enlèvement des poteaux. Le trou situé dans la terrasse, renforcé avec un revêtement de terre grasse, était rempli et couvert de cendres contenant des fragments de vases et des ossements (fig. 16), tandis que le même matériel était répandu tout près de l'empreinte du second poteau dans la terre plus molle du remblai. Il est évident qu'après la fin des travaux on a scellé les trous de l'échafaudage à sa section la plus dangereuse avec le produit d'un sacrifice de remerciement pour la bonne issue du projet [15].

---

12. V. Lambrinoudakis, *art. cit.* (n. 11), p. 10, fig. 5 ; Id., *art. cit.* (n. 3), p. 16, 18, fig. 8 ; p. 21, n. 27.

13. G. Gruben, *art. cit.* (n. 3), 2000, p. 374 sqq. ; Id., « Ο αρχαϊκός ναός στο Γύρουλα Σαγκρίου Νάξου », Υπουργείο Αιγαίου/Πανεπιστήμιο Αθηνών, *Νάξος. Το ιερό του Γύρουλα στο Σαγκρί*, 2000, p. 14-20.

14. *Supra*, n. 12.

15. V. Lambrinoudakis, *art. cit.* (n. 3), 2001, p. 21, n. 27 ; Id., *art. cit.* (n. 11), p. 12.

FIG. 12. — Fosse double creusée dans le roc au sud du temple de Déméter à Sangri.

FIG. 13. — Fondement de l'ante ouest du temple archaïque de Déméter dans l'une des fosses de la fig. 12.

Fig. 14. — Trou de poteau d'échafaudage creusé dans la terre consolidée de la terrasse géométrique, près de l'angle sud-ouest du temple archaïque à Sangri.

Fig. 15. — Dalle portant la trace du poteau de l'échafaudage qui reposait sur elle.

FIG. 16. — Fragments de vases et ossements dans le trou de poteau à l'angle sud-ouest du temple.

On peut maintenant revenir à Yria et à son temple monumental, pour examiner une dernière trouvaille qui semble, elle aussi, s'associer à la notion de la consécration, mais cette fois-ci d'une manière différente. Elle provient d'une époque beaucoup plus basse que les précédentes. L'autel de l'église chrétienne était placé dans l'adyton du temple ancien, à l'endroit où se dressait la statue du culte précédent. Parmi les pierres de sa fondation, on a trouvé une oreille en ivoire [16], légèrement plus grande que nature, datée d'après son style de peu après 540 av. J.-C. Des deux côtés de l'oreille étaient déposées deux lampes datant de la haute époque hellénistique (fig. 17). Les trois objets étaient intacts et placés à l'envers. Une couche de plusieurs fragments de lampes, datant de la fin du Ier et du IIe siècle ap. J.-C., entourait et recouvrait ce groupe.

Bien que la compréhension de cette trouvaille présente des difficultés, j'oserais proposer ici l'interprétation qui me semble la plus probable : le lieu de trouvaille, la haute qualité et le style de l'oreille, qui coïncide avec la date de l'achèvement du toit du temple archaïque, c'est-à-dire les années suivant immédiatement le milieu du VIe siècle av. J.-C., permettent d'estimer qu'il s'agit ici du reste

16. V. Lambrinoudakis, *art. cit.* (n. 3), 1992, p. 206 sq., n. 9 et fig. 6.

FIG. 17. — Oreille en ivoire provenant d'une statue archaïque dans l'adyton du temple ancien d'Yria ; de part et d'autre de l'oreille, deux lampes d'époque hellénistique.

précieux d'une statue chryséléphantine, selon toute probabilité la statue de culte originelle, qui se dressait au centre de l'adyton [17]. D'un autre côté, la série des lampes est un indice direct pour une activité cultuelle avec lampes autour de cette statue. Le rapport de l'oreille avec les deux lampes intactes de la fin du IVe siècle montre qu'on avait déposé délibérément ces trois objets à cet endroit. Parallèlement, le long espace de temps au cours duquel s'est formé le contexte de l'oreille, des lampes à ses côtés et de la couche de fragments de lampes romaines nous oblige à admettre que les trois objets furent retrouvés dans le remblai de l'adyton pendant les travaux d'un remaniement tardif, avant d'être de nouveau déposés avec soin dans le sol. Leur place à la fondation de l'autel chrétien et, surtout, leur position renversée me semblent des indices assez forts pour associer ce contexte à la fondation du culte chrétien. Puisque

17. *Ibid.*

le nouveau culte est fondé à la place d'un culte ancien et hostile, on a ici un acte contraire à celui de la consécration, qui vise pourtant au même résultat ; l'enterrement des objets de l'ancien culte renversés sous l'autel du nouveau culte enchaîne et anéantit leur force et, par conséquent, assure la suprématie du dernier en ce lieu [18]. Il est significatif qu'à Yria, dans le temple de l'époque chrétienne, on avait devant l'adyton, parallèlement à l'acte de fondation déjà décrit, l' *enkainion*, c'est-à-dire la consécration normale, qui était le dépôt dans le sol d'un petit morceau d'os d'un saint sous une dalle ronde inscrite avec les lettres A et Ω [19].

Les trouvailles faites à Naxos, dans tous les sanctuaires connus de l'île, sont caractéristiques des rites de fondation qui prévalaient en Grèce. En général, on classe les rites de fondation d'après la connaissance beaucoup plus ample qu'on en a en Égypte, au Proche-Orient et en Europe, en deux catégories : celle des *rites préparatoires de la construction du bâtiment* et celle des *rites qui accompagnent la construction et la vie du bâtiment.* On peut ajouter un troisième groupe, celui des *rites de remerciement pour la réussite de la construction* [20]. Les rites de la première catégorie, qui représentent d'ailleurs l'aspect le plus systématique de cet acte, sont bien connus en Orient mais très rares en Grèce. Un exemple de cette espèce apparaît dans le grand sanctuaire d'Héra à Samos, où l'influence de l'Orient était plus vive [21]. Il s'agit du trésor D, un bâtiment de la deuxième moitié du VI^e^ siècle av. J.-C. Devant sa façade, on a ouvert une fosse, on l'a remplie avec des cendres et les fragments de huit vases et on l'a couverte avec des pierres. La fosse était creusée exactement sur l'axe principal de l'édifice, mais sous le niveau sur lequel se trouve la base de ses fondations. Par conséquent, il faut admettre que le sacrifice était offert avant le début de la construction, au moment où l'on faisait le tracé du plan sur le sol.

Néanmoins, la plupart des exemples grecs témoignent d'un exercice de l'action consacrante moins élaboré, plus direct et plus adapté aux circonstances. Il n'y avait pas un rituel prescrit pour la fondation. C'était plutôt un sacrifice, une offrande ou un autre acte inventé pour l'occasion, qui, effectués en un endroit de la

18. On pourrait parler ici d'une sorte de purification et de nouvelle consécration, cf. G. Hock, *Griechische Weihgebräuche*, Würzburg, 1905, p. 83-87.

19. V. Lambrinoudakis, G. Gruben, « Ανασκαφή αρχαίου ιερού στα Ύρια της Νάξου », *Archaiognosia* 5,1987-1988, p. 147, pl. 33α-γ.

20. U. Sinn, *art. cit.* (n. 2), p. 143.

21. *Ibid.*, p. 131-137, fig. 1-3, pl. 34, 3-4. Cf. la tradition littéraire concernant la fondation de Messène et d'Alexandrie, *ibid.*, p. 137 sqq.

Fig. 18. — Tombe-ciste d'un coq sacrifié à l'occasion de la fondation du petit bâtiment consacré à Asclépios dans le sanctuaire d'Apollon Maléatas à Épidaure.

construction estimé important, le liaient à la force divine et assuraient sa durée. C'est ainsi que les constructeurs des temples d'Yria ont pris soin des terrasses plutôt que des bâtiments eux-mêmes, les architectes du temple de Sangri ont fondé le bâtiment dans la fosse cultuelle, tandis que ceux de Palatia ont consacré l'édifice sous une colonne de l'intérieur. Dans tous ces cas, on ne peut pas être sûr que l'offrande ait été faite pendant le travail préparatoire ou — ce qui est plus probable — qu'elle signait le début de la construction. Le caractère plus direct et circonstanciel de la consécration des fondations en Grèce ne concerne pas seulement le lieu et le temps où s'effectue le rite, mais aussi la sorte d'offrande. On a, par exemple, parfois des dépôts d'objets précieux [22], qui symbolisent la puissance et la durée comme en Orient ; mais plus souvent ce sont de simples sacrifices, offrandes ou aménagements exprimant le sentiment pieux du moment, avec lesquels les Grecs remettent les fondations de leurs bâtiments à la protection du divin.

22. Bibliographie *supra*, n. 2.

Pour ne pas mentionner des exemples de ce genre déjà bien connus, je termine avec une trouvaille intéressante de cette classe, faite au cours de mes fouilles au sanctuaire d'Apollon Maléatas à Épidaure. Un petit bâtiment fut fondé à la fin du IVe siècle av. J.-C. sur la pente raide de la colline. Au contact de la fondation, du côté de la pente, on a fait une petite ciste avec des dalles, dans laquelle on a déposé les ossements d'un coq qu'on avait sacrifié pour l'occasion (fig. 18)[23]. L'utilisation du coq comme victime d'un sacrifice de fondation est très répandue[24]. Mais, dans ce cas particulier, le coq a plutôt été choisi comme animal sacré d'Asclépios[25], à qui cette chapelle était certainement dédiée.

Vassilis LAMBRINOUDAKIS

23. V. Lambrinoudakis, dans *Praktika*, 1987, p. 62 sq., pl. 35-36.
24. Fr. Schwenn, *Gebet und Opfer*, Heidelberg, 1927, p. 95 sq.
25. P. Cavvadias, *Το ιερού του Ασκληπιού*, Athènes, 1900, p. 207 sq.

# SUI CULTI DELL'ABITATO ETRUSCO DELL'ACCESA (MASSA MARITTIMA) *

Le fonti letterarie e storiografiche antiche [1] sono concordi nell'attribuire agli Etruschi profonda competenza e assidua applicazione nelle operazioni rituali. Il riferimento è chiaramente a culti

---

* *Riferimenti bibliografici:*


AA.VV. 1985 : AA.VV. (a cura di G. Camporeale), *L'Etruria mineraria*, Firenze-Milano, p. 125 sgg.

AA.VV. 1993 : AA.VV. (a cura di G. Camporeale), *Massa Marittima. Museo Archeologico*, Firenze.

AA.VV. 1997 : AA.VV. (a cura di G. Camporeale), *L'abitato etrusco dell'Accesa. Il quartiere B*, Roma.

AA.VV. 2000 : AA.VV. (a cura di G. Bartoloni, F. Delpino, C. Morigi Govi, G. Sassatelli), *Principi etruschi tra Mediterraneo ed Europa*, Venezia.

Bartoloni 1989 : G. Bartoloni, *La cultura villanoviana*, Roma.

Boehm 1927 : F. Boehm, « Lustratio », *Real-Encyclopädie* XXVI/2, c. 2029 sgg.

Cagiano De Azevedo 1972 : M. Cagiano De Azevedo, « Un trionfo e una distruzione : *M. Folvios* e *Volsinium* », *La Parola del Passato* 27, p. 241 sgg.

Camporeale 2000 : G. Camporeale, « I tipi tombali dell'Accesa (Massa Marittima). Dal villanoviano all'arcaismo », *in* AA.VV. (a cura di A. Zifferero), *L'architettura funeraria a Populonia tra IX e VI secolo a.C.*, Firenze, p. 123 sgg.

Camporeale-Giuntoli 2000 : G. Camporeale, S. Giuntoli, *Il parco archeologico dell'Accesa a Massa Marittima*, Follonica.

Catalli 1990 : F. Catalli, *Monete etrusche*, Roma.

Cherici 1989 : A. Cherici, « Keraunia », *Archeologia Classica* 41, p. 329 sgg.

Domanico 1989-1990 : L. Domanico *et al.*, « Offerte votive in grotta e in abitato nelle valli del Fiora e dell'Albegna nel corso dell'età del Bronzo: indizi e proposte interpretative », *Scienze dell'Antichità* III-IV (*Anathema*), p. 579 sgg.

Donati 1994 : L. Donati, *La casa dell'Impluvium. Architettura etrusca a Roselle*, Roma.

Guidi 1989-1990 : A. Guidi, « Alcune osservazioni sulla problematica delle offerte nella protostoria dell'Italia centrale », *Scienze dell'Antichità* III-IV (*Anathema*), p. 403 sgg.

Levi 1933 : D. Levi, « La necropoli etrusca del lago dell'Accesa e altre scoperte archeologiche nel territorio di Massa Marittima », *Monumenti Antichi* 35, c. 5 sgg.

Nicosia 2000 : F. Nicosia, *in* AA.VV. (a cura di M. C. Bettini e G. Poggesi), *Archeologia 2000. Un progetto per la Provincia di Prato*, Carmignano, p. 12 sgg.

Simon 1990 : E. Simon, *Die Götter der Römer*, München.

Taglioni 1999 : C. Taglioni, *L'abitato etrusco di Bologna*, Bologna.

Torelli 1987 : M. Torelli, « Appunti per una storia di Tarquinia », *in* AA.VV. (a cura di M. Bonghi Jovino e C. Chiaramonte Treré), *Tarquinia : ricerche, scavi e prospettive*, p. 129 sgg.


1. Plat., *De leg.* V, 738C ; Diod. V, 40, 2 ; Cic., *De div.* I, 42, 93 ; Liv. V, 1, 6 ; Dion. Hal., *Ant. Rom.* I, 30, 3 ; Verr. Flacc., *in* Paul. Fest. p. 486L ; Arn., *Adv. nat.* VII, 26 ; Serv., *Ad Aen.* II, 781.

pubblici. Erodoto [2], però, fa un esplicito richiamo a culti privati : la Pizia ordina alla delegazione di Ceretani, inviata a Delfi per avere suggerimenti sul da farsi al fine di espiare la colpa di aver fatto morire per lapidazione i prigionieri focei catturati nella battaglia del mare Sardonio, di celebrare in onore degli dei gli stessi sacrifici e agoni che usavano celebrare in onore dei morti. Gli eventi si inquadrano intorno al 540 a. C. Per il periodo precedente la documentazione sui culti in Etruria, niente affatto scarsa, è solo archeologica o epigrafica in lingua etrusca (con le ben note difficoltà ermeneutiche di questa lingua).

Negli abitati di età villanoviana, tenuto conto beninteso delle scarse e lacunose testimonianze a disposizione, non si conoscono né esempi né indizi di costruzioni o di aree sacre pubbliche [3]. Nei corredi funerari della stessa età sono frequenti invece vasi da simposio, che sono sì una connotazione di status del defunto, ma possono anche concernere una cerimonia funebre che ne prevedeva l'uso : se si accoglie questa seconda possibilità, ne consegue che la partecipazione alla cerimonia doveva essere stata limitata a persone legate fra loro da vincolo parentelare. In definitiva, il rito era di carattere privato.

Il fenomeno si fa più evidente a cominciare dalla seconda metà dell'VIII secolo a. C. e nel secolo successivo, quando nella società etrusca emerge un ceto ricco, oggi detto comunemente principesco, il quale si autorappresenta — fra l'altro — in tombe fastose, monumentali, in genere grandi tumuli, che conservano spesso i segni di culti privati, quasi certamente in onore di antenati : si pensi ad esempio alle tombe delle Statue a Ceri, delle Cinque Sedie a Caere, ai tumuli con « ponti » della necropoli della Banditaccia a Caere [4], al secondo tumulo del Sodo a Cortona, a quello di Montefortini a Comeana, ai tumuli B e C della necropoli di Prato Rosello ad Artimino, al grande cenotafio di via San Jacopo a Pisa. In ambito abitativo la situazione non è diversa : il palazzo magnatizio di Murlo di seconda fase, databile ai primi del VI secolo a. C., aveva come acroteri statue maschili e femminili sedute in posa maestosa, interpretate correntemente come immagini di antenati [5].

---

2. I, 167, 1-2.

3. Bartoloni 1989, p. 110 sgg., in particolare p. 117. Tutt'altro che certa è l'interpretazione in senso sacrale, proposta da Cagiano De Azevedo 1972, delle testimonianze villanoviane rinvenute sotto la chiesa di S. Andrea ad Orvieto.

4. Su cui da ultimo Nicosia 2000, p. 14 sg.

5. Su cui da ultimo, con bibliografia, G. Sassatelli, *in* AA.VV. 2000, p. 145 sgg., in particolare p. 149 contro la vecchia interpretazione di statue di divinità.

Veniamo all'insediamento dell'Accesa. Il sito è stato abitato fin dal villanoviano, stando a tombe a pozzetto e a fossa [6], ma le evidenze più cospicue sono rappresentate dall'abitato di età arcaica, più precisamente della prima metà del VI secolo a. C. [7]. La superficie occupata si estende per alcune decine di ettari, l'urbanizzazione però è per quartieri distinti. Oggi se ne conoscono cinque, indicati con le lettere dell'alfabeto A-B-C-D-E secondo l'ordine di successione dell'intervento di scavo (fig. 1). Certamente ce ne saranno altri, che sono ancora da mettere in luce, stando alla presenza di nuclei di tombe qua e là nell'area interessata (fig. 2). Ciascun quartiere, composto da non più di una decina di abitazioni, è autonomo, in quanto ha una propria necropoli e un proprio impianto urbanistico, che tradisce una propria struttura sociale, ed è proiettato verso una precisa area mineraria o ha impianti per l'attività metallurgica (fig. 3-6) ; le abitazioni sono destinate a famiglie legate fra di loro da qualche vincolo, di parentela o di interesse. La distanza in linea d'aria tra i vari quartieri si aggira su qualche centinaio di metri. L'insediamento, fin dalla sua genesi, ha avuto una spiccata vocazione mineraria : ne è prova, oltre all'immediata vicinanza alle miniere di Serrabottini e Fenice Capanne comprese nel distretto minerario delle Colline Metallifere, il rinvenimento nell'area di scavo di forni per l'arrostimento di minerali, di pezzi di minerali o di scorie, questi ultimi talvolta usati come materiale edilizio [8].

In Etruria tra la seconda metà del VII e il VI secolo si afferma la città a livello ideologico e urbanistico attraverso un processo di sinecismo o di espansione monocentrica. All'Accesa questo processo non è stato né realizzato né programmato, anche se si riscontrano segni dell'acquisizione di principi di urbanistica regolare e pianificata : ad esempio nel quartiere A (fig. 3) parallelismo e coassialità di alcuni edifici, riserva di uno spazio libero al centro delle costruzioni (con funzione di piazza ?), esistenza di una massicciata per il drenaggio intorno all'area abitata e fra le case ; nel quartiere C (fig. 5) costruzione di un possente muro di terrazzamento di oltre quaranta metri lungo il limite occidentale per contenere lo smottamento del terreno ; nel quartiere E, attualmente in corso di scavo, parallelismo dei tre edifici finora messi in luce. L'articolazione in quartieri è anomala per il VI secolo a. C. e di primo acchito richiama un modello insediativo di tipo protostorico, quando in un'area di

6. Levi 1933, *passim* ; S. Giuntoli, *in* AA.VV. 1993, p. 119 sgg.
7. AA.VV. 1985 ; AA.VV. 1997 ; Camporeale-Giuntoli 2000.
8. AA.VV. 1985 ; AA.VV. 1993 ; Camporeale-Giuntoli 2000.

FIG. 1. — Area archeologica dell'Accesa con l'indicazione dei quartieri abitativi messi in luce.

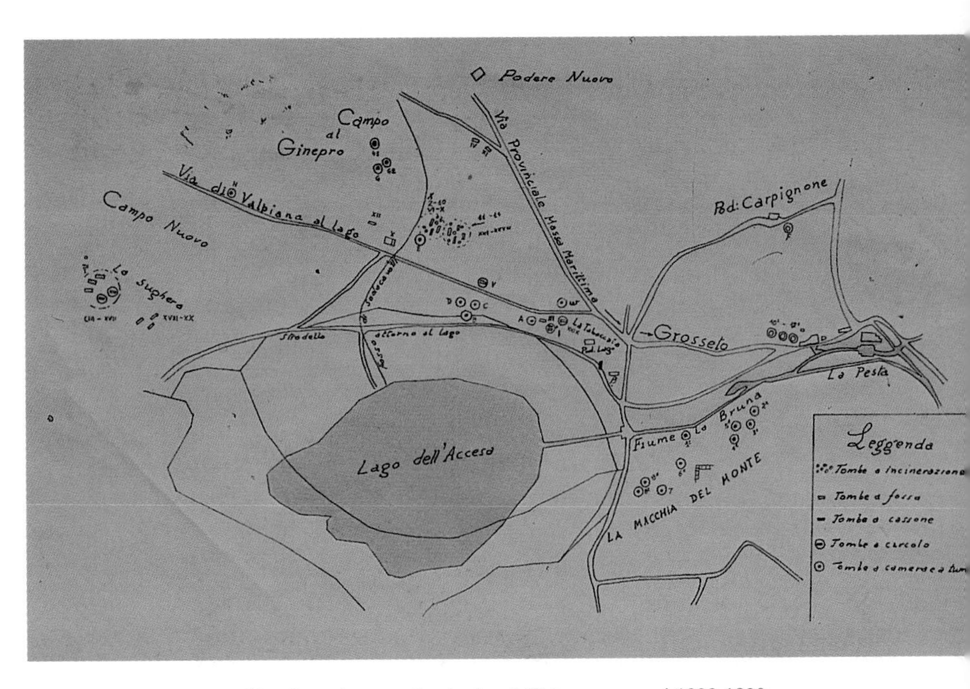


FIG. 2. — Area archeologica dell'Accesa : scavi 1928-1930.

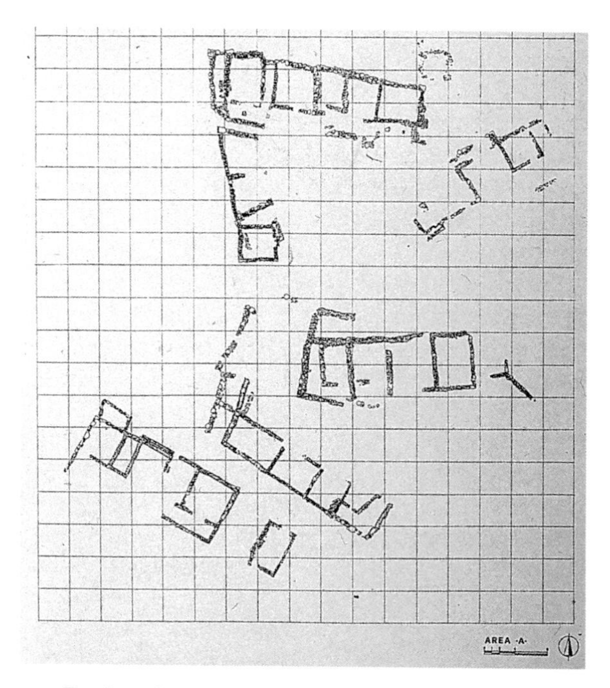


FIG. 3. — Area archeologica dell'Accesa : quartiere A.

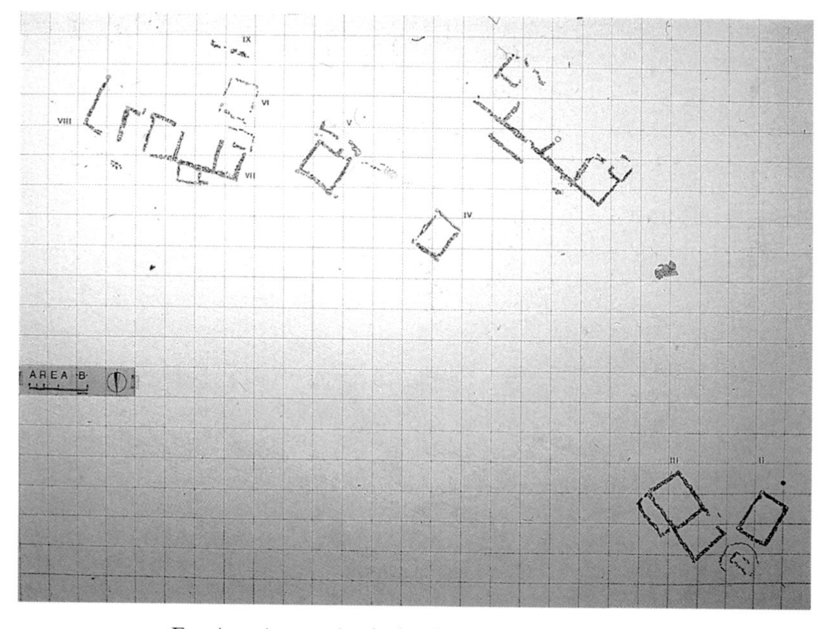


FIG. 4. — Area archeologica dell'Accesa : quartiere B.

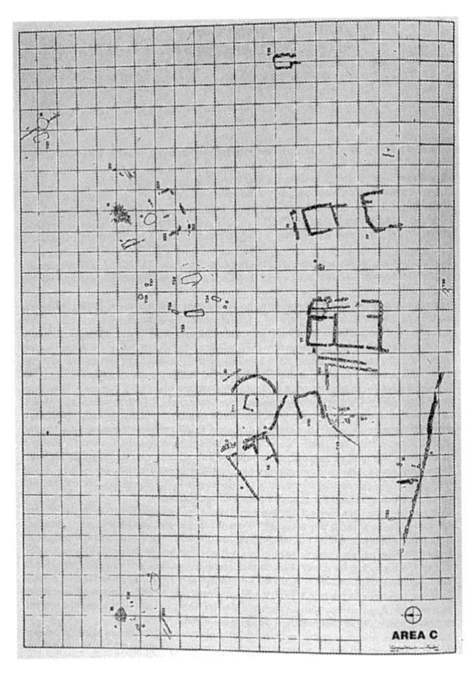


FIG. 5. — Area archeologica dell'Accesa : quartiere C.

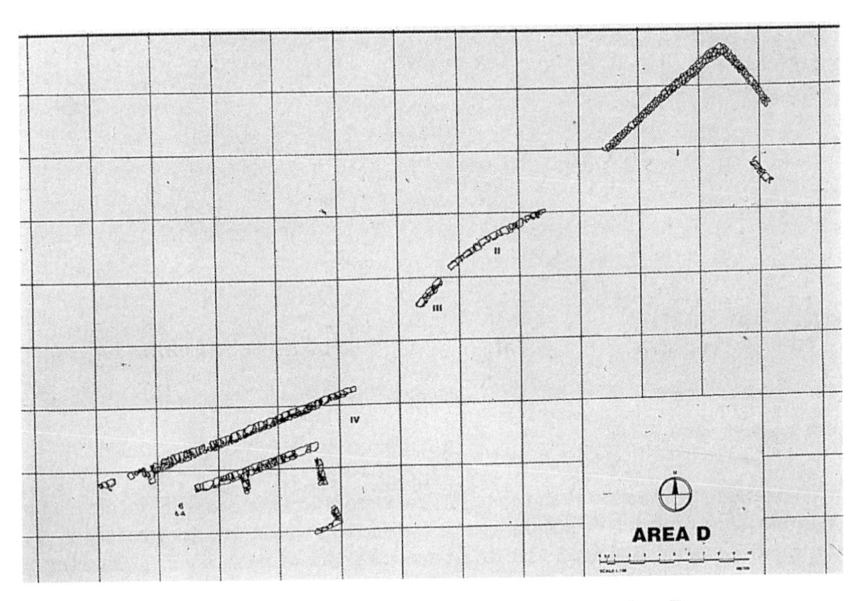


FIG. 6. — Area archeologica dell'Accesa : quartiere D.

pochi chilometri quadrati si avevano diversi villaggi poco distanti l'uno dall'altro ; ma, come è stato già detto, all'Accesa essa è motivata da ragioni socio-economiche. È molto probabile che questo assetto sia stato appoggiato, se non addirittura imposto, da Vetulonia, la metropoli di gravitazione, che avrà avuto tutto l'interesse ad evitare che i vari nuclei si unissero e, visto che disponevano della fonte di ricchezza, costituissero un'entità alternativa ad essa. Pertanto, l'abitato dell'Accesa non è mai diventata città nel senso tecnico della parola.

Un aspetto collaterale e collegato alla suddetta urbanizzazione (e struttura sociale) è la mancanza, ovviamente con i dati oggi disponibili, di un santuario o di un tempio o di un'area sacra di interesse pubblico. Del resto uno dei caratteri con cui la città si connota è appunto la centralità delle manifestazioni politiche e religiose. Dal punto di vista geomorfologico il posto ideale per un edificio sacro potrebbe essere una collina a sud-ovest dell'insediamento, detta del Montino, dalla quale si domina una vasta estensione territoriale che comprende il bacino del lago dell'Accesa e i vari quartieri abitativi : una vera acropoli, dove, secondo le norme dell'*Etrusca disciplina* tramandate da Vitruvio [9], potrebbero essere i templi delle divinità tutelari della città. Da ricognizioni di superficie e da scavi effettuati su questa collina sono state individuate tombe a fossa del VII secolo a. C. (n. 25) o a camera della prima metà del VI secolo a. C. (n. 26) e cave di pietra (evidenti tagli regolari nella roccia), ma non strutture di edifici sacri o manufatti (terrecotte architettoniche, ex voto e simili) che possano orientare a un luogo di culto.

Non mancano invece nell'area urbanizzata gli indizi di culti privati, benché ridotti a pochi elementi superstiti dopo l'abbandono (forzato o volontario ?) dell'abitato nella seconda metà del VI secolo a. C. L'oggetto più eloquente e più frequente a questo proposito è un vasetto, denominato correntemente *kyathos* miniaturistico (fig. 7), che potrebbe denominarsi anche *capis* o *simpuvium*, i vasi che a Roma erano impiegati nel culto di Vesta [10]. Il *kyathos* miniaturistico è di chiara destinazione rituale ed è rinvenuto di norma in depositi votivi, tombe, abitati. All'Accesa i vasetti di tale tipo, realizzati sia in bucchero che in impasto e in alcune varianti tipologiche [11], sono stati restituiti solo da contesti abitativi e non tombali,

9. I, 7, 1.
10. Simon 1990, p. 233.
11. G. Poggesi, *in* AA.VV. 1997 p. 157 sgg.

FIG. 7. — *Kyathoi* miniaturistici.

pur conoscendosi diverse tombe coeve ai contesti abitativi : la testimonianza a volte è limitata a un solo esemplare [12], a volte ne comprende di più [13]. Quest'ultima circostanza fa pensare che in origine gli esempi potrebbero essere stati molteplici anche nei casi in cui il ritrovamento è circoscritto a uno solo. D'altro canto nella maggior parte dei casi si tratta non di vasi interi, bensì di frammenti, cioè di vasi usati e già rotti nel tempo in cui le case erano abitate, per cui al momento del loro abbandono potrebbero essere stati portati via quelli integri.

Significativa è la situazione emersa nel complesso III del quartiere B : un'abitazione di tre vani, di cui i primi due sono allineati in senso est-ovest e il terzo, a ridosso del vano II in direzione nord, ha all'incirca la stessa lunghezza di quest'ultimo (m 5,10 rispetto a m 5,50), ma non la stessa larghezza (m 1,30 rispetto a m 4,40), e probabilmente è un'aggiunta posteriore (fig. 8). All'interno del vano III e addossata al muro che lo divideva dal vano II, grosso modo a metà della sua lunghezza, fu rinvenuta un'olla di impasto grezzo, molto frammentaria e non ricomponibile (fig. 9), che conteneva al suo

12. Quartiere B: complesso I, vano IV, n. 124 ; tra i complessi II e III, n. 635 ; complesso V, n. 786 ; quartiere D : complesso II.

13. Quartiere A : complesso IV, vani I e II, nn. 168 e 176 ; complesso X, vano III, nn. 349-353 ; quartiere B : complesso VII, nn. 970 e 1202 ; quartiere E : complesso III, vano I, tre esemplari inediti. Nella numerazione degli esemplari si segue quella data ai reperti nelle edizioni del quartiere A *in* AA.VV. 1985 e del quartiere B *in* AA.VV. 1997 ; gli esemplari senza numero provengono da quartieri ancora inediti.

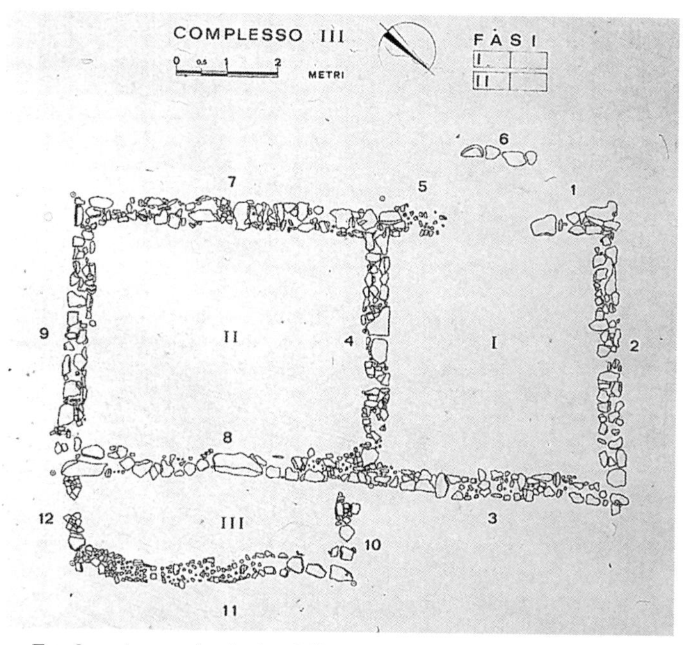


FIG. 8. — Area archeologica dell'Accesa, quartiere B, complesso III.

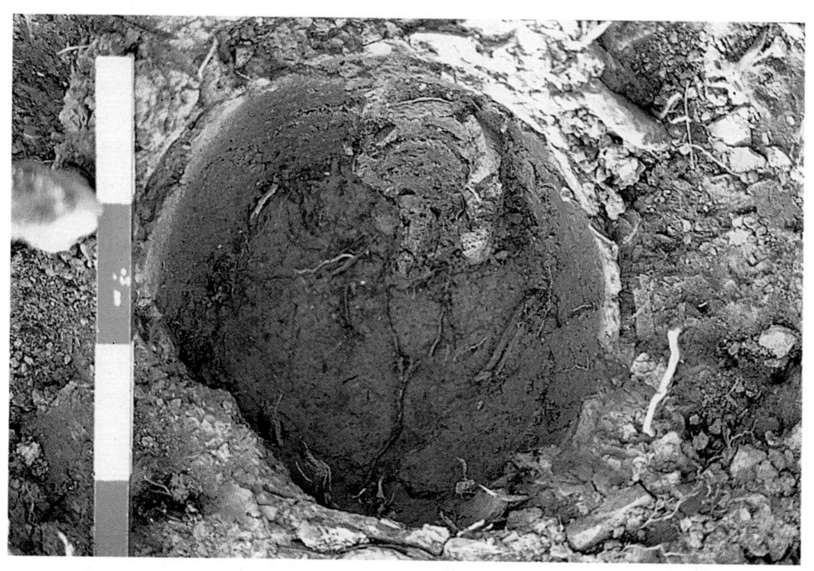

FIG. 9. — Area archeologica dell'Accesa, quartiere B, complesso III : olla contenente i *kyathoi*.

interno ventisei *kyathoi* miniaturistici, dei quali una metà integri o con piccole lacune e un'altra metà ridotti a un frammento [14]. Oltre a questi vasetti, anche l'olla è un vaso che ha avuto una larga applicazione in ambito rituale : si pensi al rito (pubblico) romano di *exta in olla coquere* [15] ; nel caso specifico del ritrovamento dell'Accesa il vaso poteva essere stato usato per preparare e comunque per contenere la bevanda che doveva essere sorseggiata dai *kyathoi*. Il « servizio » quasi certamente aveva una destinazione rituale e fa luce anche sulla destinazione dei *kyathoi* miniaturistici trovati negli altri complessi abitativi dell'insediamento [16]. In altri termini, essi non saranno stati offerte e non saranno da riferire al rito di fondazione dell'edificio (l'olla era appoggiata e non interrata, come sarebbe da aspettarsi in un rito di fondazione !), ma saranno stati usati in pratiche rituali all'interno della casa, ovviamente di tipo privato. In casi del genere con tutta probabilità l'officiante sarà stato il *paterfamilias* [17], la partecipazione sarà stata riservata ai membri della famiglia che per l'occasione trovava amalgamazione, il carattere della cerimonia sarà stato propiziatorio o espiatorio, il rito sarà stato in onore di divinità tutelari della casa. Se poi il rito fosse riservato ad alcuni membri della famiglia, ad esempio solo quelli femminili o maschili, allo stato attuale delle conoscenze è impossibile dirlo. Data l'unicità della forma vascolare in questione, si può ipotizzare che la cerimonia celebrata nelle varie case che hanno restituito gli esemplari pervenutici fosse la stessa o avesse uno svolgimento analogo e che, al limite, coinvolgesse persone o famiglie del medesimo ceto. Non solo, ma riferendosi i vasetti a un servizio cultuale, si può pensare che le cerimonie potessero ripetersi. Anche nella casa dell'Impluvium a Roselle i *kyathoi* miniaturistici sono stati trovati nell'area del *lararium* [18].

C'è da chiedersi perché mai il servizio del complesso III del quartiere B sia stato lasciato nella sua interezza e integrità quando l'abitazione è stata abbandonata, verisimilmente nel posto dove forse di norma sarà stato collocato quando era in uso. Il caso è (finora) unico in tutto l'insediamento dell'Accesa, tanto più che gli abitatori al momento dell'abbandono hanno portato via tutto

14. M. C. Bettini, *in* AA.VV. 1997, p. 289 sg.
15. Varr., *De ling. Lat.* V, 98.
16. Per altri servizi, composti da vasi di bucchero e destinati a riti, si veda Torelli 1987, p. 139.
17. Sul suo ruolo nei culti privati Cat., *De agr. cult.* CXLIII, 1.
18. Donati 1994, p. 35, tav. XXXIIa ; p. 53, fig. 18, tav. LVI ; pp. 63, 97, 100-102.

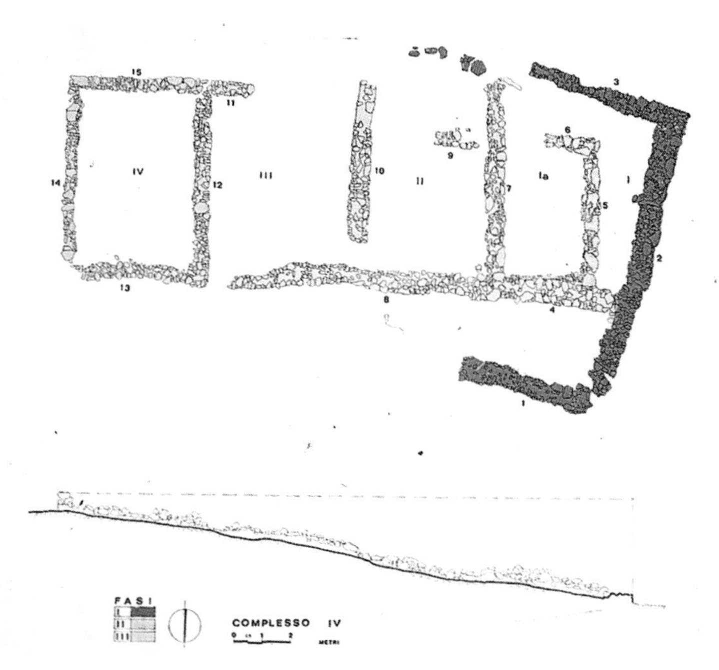


FIG. 10. — Area archeologica dell'Accesa, quartiere A, complesso IV.

quanto poteva essere utile, persino le tegole e i coppi del tetto. Evidentemente c'è stata una precisa presa di posizione dei titolari della casa di lasciare in situ tutta l'attrezzatura rituale per non cancellare la memoria del sacro. Qualcosa di analogo si registra nello stesso quartiere B a proposito di tombe : quando nei primi decenni del VI secolo l'area fu urbanizzata nella sua fase ultima, furono costruite alcune abitazioni a una distanza inferiore al metro da tombe di VII secolo, le quali furono così risparmiate e rispettate, anche se forse non dovevano essere ormai molto emergenti [19].

Il numero piuttosto elevato di *kyathoi* contenuti nell'olla implicherebbe una larga presenza di partecipanti alla cerimonia, ma non si può prescindere dalla considerazione che la metà dei suddetti vasetti è costituita da frammenti non ricomponibili, che probabilmente erano stati deposti nell'olla già frammenti, quasi a sottolineare una continuità del culto e del rito. Ne consegue che il numero regolare dei partecipanti sarà stato non molto elevato e comunque accettabile per i membri di una famiglia o di una *gens*.

19. G. Camporeale, *in* AA.VV. 1997, p. 417 sg.

Sempre in fatto di riti privati vanno segnalate altre situazioni riscontrate all'Accesa.

Nel vano II del complesso IV del quartiere A, a ridosso del muro che divide i vani II e III (fig. 10), è stata scavata una fossa di forma grossolanamente semicircolare (diametro ca. m 0,30), che raggiunge una profondità di circa una ventina di centimetri rispetto al piano di appoggio della prima assisa di fondazione e che presenta sul fondo una spessa chiazza di bruciato ; sullo stesso fondo erano deposti un *kyathos* miniaturistico e un'ansa a nastro di bucchero e, inoltre, un frammento di bastone di ferro (uno spiedo ?) [20]. Il fuoco potrebbe suggerire un focolare, ma anche un'operazione sacrificale di carattere privato [21]. Gli elementi a disposizione sono tali che non sembra azzardato pensare a un culto domestico.

Interrato quasi al centro del vano I del complesso I del quartiere B (fig. 11) [22] e dell'unico vano del complesso VIII del quartiere C (fig. 12) [23], è stato trovato un *pithos*, limitato alle pareti e privo di fondo (fig. 13-14). Proprio la collocazione al centro del vano e la mancanza del fondo portano ad escludere la funzione di contenitore di derrate e ad ammettere piuttosto quella di rivestimento di una fossa, che potrebbe avere un carattere sacrale. Nell'età del bronzo, dalla fase media a quella finale, in abitati lungo la valle del Fiora sono attestati culti praticati all'interno di case in fossette, che contenevano semi di cereali o legumi carbonizzati ; anche a Tarquinia, in un contesto di facies protovillanoviana, fu trovata una fossetta di destinazione cultuale, rivestita di argilla lungo le pareti e sul bordo e riempita di terra bruciata [24]. Le pareti di *pithos* che rivestivano le fossette trovate nei suddetti vani delle case dell'Accesa avranno avuto la stessa funzione del rivestimento di argilla della fossetta di Tarquinia. È indicativo che i *pithoi* siano senza fondo, in modo da poter stabilire un contatto diretto con la terra, specialmente se le offerte, come nel caso dei culti praticati nelle fossette domestiche dell'età del bronzo, siano stati prodotti della terra. Se le cose stanno così, si avrebbe un ulteriore argomento per proporre un richiamo tra l'insediamento dell'Accesa e modelli protostorici. Nel contempo l'ubicazione della fossa-*pithos* al centro del vano fa ipotizzare un rito in cui i partecipanti si dispongano o si muovono

20. G. Camporeale, *in* AA.VV. 1985, p. 150.
21. Ov., *Fast.* IV, 785 ; Serv., *Ad Aen.* I, 192 ; *Ad Aen.* III, 134.
22. G. Camporeale, *in* AA.VV. 1997, p. 245.
23. S. Giuntoli, *in* Camporeale-Giuntoli 2000, p. 69 sg.
24. Guidi 1989-1990, p. 410 ; Domanico 1989-1990, p. 591 sg.

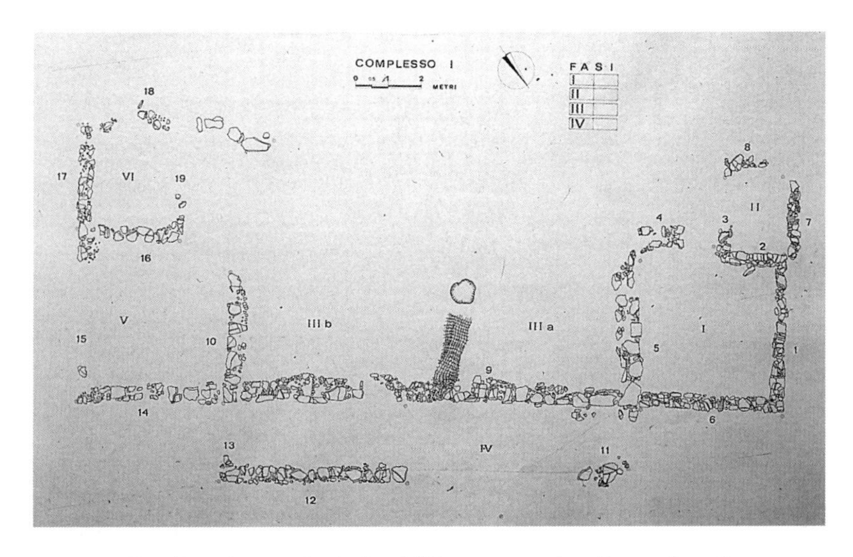


FIG. 11. — Area archeologica dell'Accesa, quartiere B, complesso I.

FIG. 12. — Area archeologica dell'Accesa, quartiere C, complesso VIII.

FIG. 13-14. — Area archeologica dell'Accesa, quartiere C, complesso VIII : *pithos*.

intorno ad essa descrivendo una circonferenza : fatto, questo, che presuppone una componente magica nell'azione. L'uso è attestato nel mondo latino[25] in cerimonie lustrali di carattere sia privato, ad esempio nella purificazione del campo[26], sia pubblico, ad esempio nell'*armilustrium*[27] o nel sacrificio ambarvale[28], e anche nel mondo italico in cerimonie di carattere pubblico, ad esempio nella lustrazione del popolo iguvino[29]. In diverse capanne villanoviane sono state riscontrate fosse, staccate dalle pareti e spiegate in genere come depositi di viveri o catini di drenaggio[30] ; non sarebbe da escludere che qualcuna di queste fosse potesse aver avuto una destinazione rituale.

La limitazione del complesso del quartiere C a un solo vano e le dimensioni decisamente ridotte di questo (m 5,40 x 4,20) potrebbero suggerire l'ipotesi di un edificio di destinazione sacrale, ma il ritrovamento nel suo interno esclusivamente di vasellame domestico[31] porta ad escludere tale ipotesi e ad ammetterne l'interpretazione di abitazione, alla stregua degli altri edifici (anche piccoli) dell'abitato dell'Accesa.

Nel quartiere C (fig. 5), in una zona dove sono stati messi in luce un forno di arrostimento di minerali (struttura E) e resti di altri forni (struttura H), è stata rinvenuta una fossa di forma subcircolare (profondità dal suolo di campagna m 0,60 ; diametro massimo m 2,59), denominata struttura G (fig. 15) : fra i materiali di riempimento (frammenti di laterizi, di impasti e di buccheri, una scoria di ferro) si segnalano un *kyathos* miniaturistico (fig. 16) e, inoltre, la mandibola e ossa lunghe di un bovide (fig. 17) ; accanto alla fossa si conservava una consistente chiazza di bruciato. L'interpretazione della struttura in senso cultuale[32] sembra verisimile, una struttura che potrebbe richiamare i *sacella*, così detti in quanto *loca dis sacrata sine tecto*[33]. La sua ubicazione in un contesto metallurgico potrebbe contenere indizi sulla divinità venerata. Stando a Vitruvio[34], secondo l'*Etrusca disciplina*, il tempio di Vulcano doveva

---

25. Serv., *Ad Aen.* VI, 229 : *lustratio a circumlatione dicta est.*
26. Cat., *De agr. cult.* CXLI, 1-3.
27. Varr., *De ling. Lat.* V, 153 ; VI, 22.
28. Serv., *Ad Ecl.* III, 76.
29. *Tab. Iguv.* I *b* 19-24 = VI *b* 56-VII *a* 2. Sulla questione si veda Boehm 1927.
30. Ultimamente sulla questione, per le capanne di Bologna, con bibliografia Taglioni 1999, p. 48 sgg.
31. S. Giuntoli, *in* Camporeale-Giuntoli 2000, p. 69 sg.
32. *Ibid.*, p. 78 sg.
33. Paul. Fest., pp. 422-423L.
34. I, 7, 1.

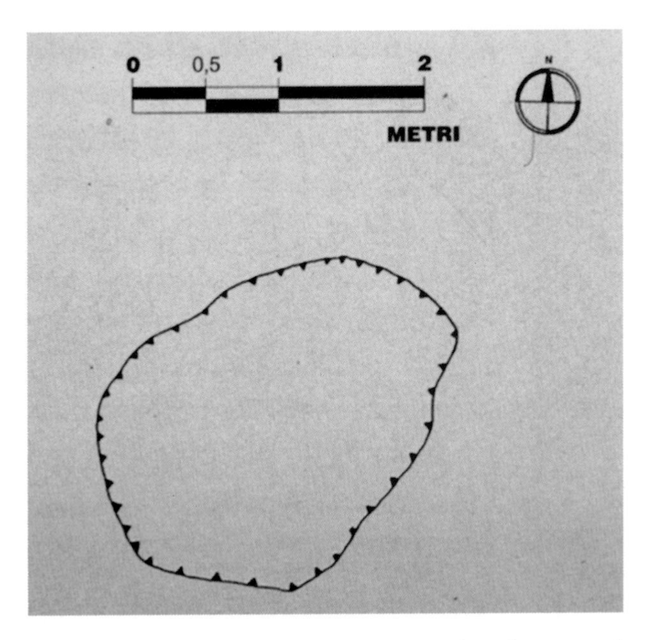


FIG. 15. — Area archeologica dell'Accesa, quartiere C, struttura G.

trovarsi fuori dell'abitato, perché le attività connesse — le botteghe dei fabbri — rappresentavano un continuo pericolo di incendio. La fossa della struttura G è al limite orientale del quartiere e, per giunta, nell'area metallurgica, per cui non sarebbe inverisimile l'ipotesi di un culto in onore di Sethlans-Efesto-Vulcano o di qualche divinità analoga del pantheon etrusco. Si tenga presente che su monete bronzee del III secolo a. C. emesse da Populonia, una città a vocazione mineraria e metallurgica, sono rappresentati la testa di Efesto (sul dritto) e tenaglie e martello (sul rovescio) ; gli attrezzi dell'attività a lui connessa [35]. Il culto dell'Accesa potrebbe considerarsi pubblico, ma l'ubicazione della fossa nella zona « industriale » e una certa analogia strutturale a quelle dei vicini forni (nella fase destruttiva, beninteso) portano ad ammettere un culto di carattere privato, circoscritto alla comunità dei metallurghi che vi lavoravano. In questo caso l'officiante potrebbe essere stato il capo del clan. Si aggiunga che il materiale di riempimento, di cui si è detto or ora, è lo stesso che si è rinvenuto nei forni o resti di

35. Catalli 1990, p. 55 sg.

FIG. 16. — Area archeologica dell'Accessa, quartiere C, struttura G : *kyathos* minaturistico.

FIG. 17. — Area archeologica dell'Accessa, quartiere C, struttura G : resti ossei di bovide.

forni che si trovano nella zona, per cui si può pensare a una loro contemporaneità.

A un'altra testimonianza rituale si riferisce la situazione riscontrata nel grande vano II del complesso I del quartiere B (fig. 11) : il vano sarebbe stato diviso in senso nord-sud in due settori da un tramezzo di graticcio, lungo ca. m 1,80 e appoggiato a nord al muro 9 ; caduto il tramezzo in seguito a un incendio, all'incirca in prossimità del suo limite meridionale (indicazione subcircolare in pianta) sarebbe stato montato un palo per sostenere il tetto : di questo si è conservata solo la buca di fondazione, che conteneva all'interno frammenti di buccheri, di laterizi, di incannicciata e una punta di freccia in selce rossa databile ad età neolitica [36]. Quest'ultimo ritrovamento riporta all'uso largamente noto nell'antichità di reimpiegare materiali preistorici con intento profilattico in una fondazione [37] : nella fattispecie il rito, applicato a un edificio domestico, è ovviamente di carattere privato.

Manifestazioni di culto privato si hanno anche nelle tombe di VI secolo a. C. Nel *dromos* di alcune di queste (a camera) sono stati trovati parecchi reperti, deposti di proposito dopo la chiusura definitiva della camera funeraria, quasi a suggellare la stessa chiusura [38]. L'operazione e la partecipazione al rito saranno state quasi certamente limitate ai membri della famiglia o *gens* titolare della tomba. Non diversa è la situazione proposta da una struttura (a edicola ?), pertinente alla tomba a camera n. 29, per cerimonie o deposito di offerte [39]. In tal caso l'officiante, benché *paterfamilias*, ha avuto il ruolo del *cepen thaurch*.

All'Accesa gli unici culti finora attestati sono di carattere privato. Le occasioni ed eventualmente le date, le procedure rituali e le divinità venerate sono ignote o al massimo ipotizzabili, anche se i mezzi e le forme delle pratiche (*kyathoi* miniaturistici, sacrificio di animali) sono analoghi a quelli dei culti pubblici. La mancanza di questi è solo una conseguenza del fatto che la vera forma insediativa è il quartiere, sentito come realtà autonoma a livello politico-organizzativo e sociale.

Giovannangelo CAMPOREALE

36. G. Camporeale *in* AA.VV. 1997, p. 245, n. 68, tav. VI 3.
37. Cherici 1989, in particolare p. 338.
38. Camporeale 2000, p. 129 sg.
39. *Ibid.*, p. 131 sgg., fig. 6-7 con discussione relativa.

# RITES D'INITIATION ET ESPACE SACRIFICIEL EN IBÉRIE PRÉROMAINE [1]

Dans ce cadre accueillant et tout méditerranéen de la Villa Kérylos, je me propose d'aborder toute une série de documents — images et textes — de milieux et époques différents appartenant au monde religieux de l'Ibérie préromaine. Tout compte fait, ce sont des exemples du monde religieux méditerranéen mais de son extrémité la plus occidentale, celle que les Anciens appelaient *Hesperia ultima*. Ces différents documents n'ont pas une connexion stricte d'ordre thématique ou contextuel entre eux mais, d'une manière ou d'une autre, ils font tous allusion soit à l'espace sacrificiel soit à la relation particulière que l'aristocrate ibérique tisse avec la divinité ou avec ses ancêtres.

Le premier exemple dont je vais vous parler est aussi le plus ancien et, sans doute, le plus complexe dans la mesure où il constitue le programme iconographique d'un prince orientalisant ibérique. Il s'agit du monument bien connu de Pozo Moro, publié par Martín Almagro Gorbea [2]. Almagro avait déjà attiré l'attention sur sa structure et son étroit lien méditerranéen et oriental en tant que tour funéraire dont les quatre angles sont protégés par des lions menaçants. D'autre part, il y a une étroite relation entre les différentes images qui décorent la frise. A mon avis, elles ont trait à l'histoire mythique de la dynastie du prince local [3]. Le mobilier du

1. Ce travail a été réalisé dans le cadre du projet de recherche : « Introducción a un Léxico de imagen prerromana en la Península Ibérica », (PB-97-1124), patronné par la DGICYT. Traduction : Margarita Moreno-Conde.

2. M. Almagro-Gorbea, « Los relieves mitológicos orientalizantes de Pozo Moro (Albacete, España) », *Trabajos de Prehistoria* 35, 1978, p. 251-278 ; Id., « Pozo Moro : el monumento orientalizante, su contexto socio-cultural y sus paralelos en la arquitectura funeraria ibérica », *Madrider Mitteilungen* 24, 1983, p. 177-293, fig. 12-34.

3. R. Olmos, « Pozo Moro : ensayos de lectura de un programa escultórico en el temprano mundo ibérico », dans *A través del espejo. Aproximación a la imagen ibérica*, R. Olmos éd., coll. « Lynx. La arqueología de la mirada », Madrid, 1996, p. 99-114.

Fig. 1. — Scènes de sacrifice et banquet. Monument funéraire de Pozo Moro, Albacete.
Musée archéologique national, Madrid.
Photo : courtoisie de l'Institut archéologique allemand, Madrid.

tombeau — une coupe à figures rouges avec un athlète faisant un saut, l'anse d'une cruche avec un jeune homme nu qui saisit deux lions par la queue et un lécythe à figures noires avec des satyres poursuivant des ménades — est donc constitué par des vases à boire, des vases à libations et des vases à parfum qui furent brûlés et détruits lors de l'enterrement (le fait de détruire des biens de luxe est un signe de surabondance et un privilège de ceux qui détiennent le pouvoir). Ces vases nous servent non seulement à dater l'ensemble vers 500 av. J.-C. mais encore à suggérer des sujets propres à l'imaginaire ibérique de la mort, que nous allons trouver par la suite pendant plusieurs siècles, tels que l'image idéalisée du héros nu aussi bien athlète que jeune maître des fauves, l'exaltation de la fécondité sexuelle du *daimon* ityphallique dans les représentations de voyage vers l'au-delà, voire le motif tellement méditerranéen de la violence et de l'enlèvement.

Sur la première frise, nous assistons à une scène de sacrifice mythique, probablement de caractère infernal (fig. 1). En fait, la métope rassemble deux scènes successives : une cuisson dans un chaudron à droite et un banquet à gauche [4]. Si l'on devait envisager une quelconque séquence temporelle, tel serait sans doute le sens de la scène. Un petit personnage dont nous voyons émerger la tête et les mains en mouvement est à l'intérieur du chaudron placé sur des flammes vacillantes. Un autre personnage, à la gueule monstrueuse, habillé d'une tunique courte, le touche de sa main gauche tandis que de la droite il brandit, tout en le montrant, le couteau sacrificiel, une sorte de *harpè*, arme courbe que tiennent les rois et les divinités guerrières au Proche-Orient. Comme dans bien d'autres scènes de sacrifices méditerranéens, le couteau joue ici le rôle principal [5]. Au sacrifice, à droite, fait suite le banquet, à gauche. Il s'agit d'un banquet assis comme celui des patères phéniciennes d'époque orientalisante, de composition, mouvements et gestes semblables [6]. La convivialité des symposiums humains est ici absente. Un personnage à deux têtes et à la langue pendante est assis sur un trône et tient dans sa main un bol à l'intérieur duquel se trouve un petit personnage dont seuls la tête et les pieds sont visibles. Un serviteur debout se tient devant lui et lui présente un récipient avec de la boisson. Sur la petite table, on reconnaît un sanglier mort que la divinité monstrueuse saisit de sa main libre. Il y a une opposition claire entre la victime animale et la victime humaine. Le personnage humain est représenté en deux séquences ; il n'est pas mort, contrairement à l'animal. Les pieds et les mains traduisent le mouvement et même le visage est, dans les deux cas, tourné vers la divinité infernale. Nous avons affaire à un mythème méditerranéen d'origine orientale largement répandu : celui de la cuisson d'un personnage qui recouvre au fond une histoire de fondation [7]. La cuisson dans le chaudron est en rapport avec l'initiation des princes et des fondateurs de dynasties. Il suffit de penser à l'*apothanatismos* d'Achille, qui sera finalement délivré du chaudron ; à Pélops, à la cuisson mythique duquel se substituait, à Olympie, le

---

4. On constate déjà cette forme de narration continue sur les patères en bronze et en argent phéniciennes. Cf. G. Markoe, *Phoenician Bronze and Silver Bowls from Cyprus and the Mediterranean*, Berkeley-Los Angeles, 1985, 65 sqq : « continuous style ».

5. Sur la valeur de la *falcata* ou épée courbe qui, dans les mains des guerriers, aura toujours une certaine valeur sacrée, cf. F. Quesada, *Arma y símbolo : la falcata ibérica*, Alicante, 1992.

6. G. Markoe, *op. cit.* (n. 4), n° U6, fig. p. 347 : bol en bronze, de provenance inconnue ; musée Iran Bastan, Téhéran, n° inv. 15198. Cf. le geste de la déesse assise, comparable au personnage sur le trône de Pozo Moro.

7. M. Halm-Tisserand, *Cannibalisme et immortalité. L'enfant dans le chaudron en Grèce ancienne*, Paris, 1993.

sacrifice d'un agneau [8] ; à l'histoire d'Ino et Mélicertès qui aboutit à un changement d'état divin — la cuisson devient ici transformation — ou à la mort de Minos dans un chaudron d'eau bouillante dans le palais du roi Cocalos en Sicile, que G. Pugliese Carratelli avait mis par ailleurs en rapport avec la métope 32 de l'Héraion de la Foce del Sele [9]. Tout comme Pélops ou Minos, le petit personnage dans le chaudron de Pozo Moro pourrait bien être l'ancêtre mythique, fondateur de l'endroit. Contrairement aux rituels de crémation, où le personnage change d'état de manière définitive (c'est le cas de l'*ekpyrosis* d'Héraclès sur le mont Œta), la cuisson dans le chaudron est par contre ambiguë et, au lieu de détruire complètement le corps, le transforme, permettant ainsi, dans ces cas exceptionnels, une certaine possibilité de survie ou de résurrection [10]. A Pozo Moro, la monstrueuse divinité assise a la possibilité de choisir entre le banquet de l'être humain, encore vivant, ou d'y substituer le sanglier sur la table. La double tête pourrait avoir trait justement à ce double choix que nous voyons ici arrêté au moment du plus grand *pathos*, celui qui précède de près la décision. Il se peut que le sanglier soit ici la nouvelle victime substitutoire du banquet d'un dieu primitif et cannibale, autrement dit le signe de l'ordre nouveau instauré par le fondateur de la dynastie de Pozo Moro.

La deuxième métope de Pozo Moro raconte la conquête de l'arbre de la fécondité. Dans un paysage protégé par des têtes de monstres flamboyants, un héros de grande taille et de force surhumaine s'avance d'un pas sûr. Il porte sur ses épaules une lourde branche encore fleurie et féconde où de nombreux oiseaux, qui picorent les fleurs, ont fait leurs nids. Deux démons agenouillés plantent de longues fourches à cinq pointes dans l'arbre miraculeux. Un autre personnage, de petite taille, suit les pas du héros en l'imitant dans un geste qui pourrait être propitatoire et burlesque. L'objet curviligne fragmentaire, que l'on peut voir devant le visage du héros, doit probablement être compris comme l'instrument ou couteau magique dont le héros s'est servi pour couper la branche [11].

---

8. W. Burkert, « *Homo Necans* » *: the Anthropology of Ancient Greek Sacrificial Ritual and Myth* (1re éd. en allemand, Berlin, 1972), Berkeley, 1983, p. 99.

9. Erika Simon suggère par ailleurs que ce mythème pourrait se trouver en relation avec l'histoire achéenne de la Maison des Atrides : E. Simon, « Die vier Büsser der Foce del Sele », *Jahrbuch des deutschen archäologischen Institutes* 82, 1967, p. 275-295, en particulier p. 281-287.

10. I. Chirassi, *Elementi di culturi precereali nei miti e riti greci,* Rome, 1968, p. 26 sq.

11. L'importance de cet instrument rituel en Méditerranée a été bien analysée par U. Kron, « Sickles in Greek Sanctuaries. Votive and Cultic Instruments », dans *Ancient*

Le geste magique « *ipso ferro* » n'ôte cependant pas la vie à la branche qui vient d'être coupée ; bien au contraire, ceci lui permet de rester florissante et de reverdir de manière analogue à la massue fleurie d'Héraclès. Cette deuxième métope de Pozo Moro semble donc avoir trait à l'une des histoires liées au moment de la fondation de la dynastie. Il s'agit d'un motif, très répandu [12], rattaché à la notion de territoire, probablement d'origine orientale, une nouvelle fois, tout comme celui de la nature féconde dont s'accompagne le prince. La métope rappelle l'arrachage et le transport de l'arbre de fondation, comme la branche de laurier déplacée par Apollon du sanctuaire de Tempè à Delphes [13], ou le ξύλον métamorphosé en lance fleurie de Ba'al, sur le célèbre bas-relief du sanctuaire de Rhas Shamra conservé au musée du Louvre [14]. C'est une image miraculeuse : entre les mains du dieu, le manche en bois de la lance restera fleuri et fécond après que sa branche originelle ait été arrachée de la terre. Fécondité et force guerrière se rejoignent dans le dieu syrien, comme sans doute aussi dans le personnage héroïco-divin de Pozo Moro. La fécondité de la nature accompagne le prince [15].

A cette métope fait suite une autre occupée par la grande déesse ailée, vue de face, de manière à établir un dialogue avec le spectateur. C'est la grande déesse orientale, totalement nue, assise sur une chaise pliante puisqu'il s'agit d'une divinité du plein air, de la nature [16]. De ses pieds et de ses mains étendus surgissent de

---

*Greek Cult Practice from the Archaeological Evidence. Proceedings of the Fourth International Seminar on Ancient Greek Cult*, R. Hägg éd., Athènes, 22-24 octobre 1993, Stockholm, 1998, p. 187-215.

12. Cf. des parallèles dans la mythologie et le folklore celtiques : le dieu Ésus semble abattre un arbre, dans une forêt où se cachent les oiseaux, sur l'autel gallo-romain des Nautes de Lutèce et sur le monument de Trèves. Cf. G. Charrière, « Le Taureau aux trois grues et le bestiaire du héros celtique », *Revue de l'Histoire des Religions* 169, 1966, p.155-192 ; V. Kruta, *Les Celtes. Histoire et dictionnaire, des origines à la romanisation et au christianisme*, Paris, 2000, p. 835, fig. 166, *s. v.* « tarvos trigaranos ».

13. Élien, *Histoires variées* III, 1. Cf. L. Weniger, *Altgriechischer Baumkultus* (Das Erbe der Alten, neue Folge II), Leipzig, 1919, p. 24 sq.

14. AO 15775 (XIVe-XIIIe s. av. J.-C.). L'arbre apparaît ici et dans d'autres exemples comme une des armes divines de Ba'al. Cf. E. Williams-Forte, « The snake and the tree in the iconography and texts of Syria during the Bronze Age », dans *Ancient Seals and the Bible*, L. Gorelick et E. Williams-Forte éd., Malibu,1983, p. 18-43, fig. 4 sq.

15. Les arbres du prince craignent les dieux — comme nous lisons au chant 19 de l'*Odyssée* — et ont deux fois plus de fruits ; le bétail se reproduit sans relâche et la mer lui offre ses poissons. Cette harmonie entre l'ordre naturel et l'ordre politique avait déjà été soulignée par M. P. Nilsson, *Homer and Mycenae*, Londres, 1933, p. 220. Cf. le rêve de Nabuchodonosor interprété par Daniel (*Daniel* 4, 16 sq.).

16. Des modèles orientaux de cette déesse représentée nue et de face — probablement Astarté — que l'on associe à l'apparition d'éléments végétaux sont bien connus

Fig. 2. — Scène d'épiphanie végétale avec déesse ailée assise.
Monument funéraire de Pozo Moro, Albacete. Musée archéologique national, Madrid.
Photo : courtoisie de l'Institut archéologique allemand, Madrid.

grandes fleurs de lotus où des oiseaux ont fait leurs nids (fig. 2). L'épiphanie divine accompagne celui qui détient le pouvoir ; elle ne se manifeste qu'à lui seul. Comme dans toutes les représentations d'épiphanies subites, l'apparition déborde le cadre, l'espace humain de la manifestation. Plus loin, nous observons que le prince a accès à l'amour de la déesse, représentée plus grande que le mortel. Celui-ci doit se hisser pour parvenir à atteindre son corps, alors qu'elle l'attend, l'accueille et le stimule sexuellement. Le prince de Pozo Moro (probablement suivant le modèle d'un ancêtre) a le privilège d'accéder à l'amour d'une déesse.

à travers les arts mineurs, comme l'orfèvrerie. Cf. la petite plaque en or d'Amathonte, Chypre, conservée à l'Antikenmuseum de Berlin. A. Greifenhagen, *Schmuckarbeiten in Edelmetall* I, Berlin, 1970, p. 31, n° 3. La déesse, debout, porte une coiffure hathorique. La végétation pousse à ses pieds. Un autre exemple semblable se trouve au British Museum : F. H. Marshall, *Catalogue of the Jewellery, Greek, Etruscan, and Roman in the Departments of Antiquities, British Museum,* Londres, 1911, n° 1488, p. 151, fig. 43. Voir aussi le marbre de la nécropole de Medellín (Badajoz) mis en relation de façon suggestive par M. Blech, « Los inicios de la iconografía de la escultura ibérica en piedra : Pozo Moro », dans *Iconografía ibérica, iconografía itálica. Propuestas de interpretación y lectura*, R. Olmos et J. A. Santos éd. (Rome, nov. 1993), Madrid, 1997, p. 193-209.

J'ai choisi quelques métopes de l'ensemble de Pozo Moro pour illustrer ma lecture du programme iconographique du prince. Pour l'interpréter, j'ai fait appel à des modèles religieux répandus dans toute la Méditerranée pendant l'époque archaïque et dont l'origine orientale est indéniable. Nous n'avons pas de textes propres dans le monde ibérique.

Mais revenons au thème du sacrifice et à celui de l'espace religieux comme lieu d'initiation qui associe le tout-puissant à la divinité. Tout d'abord, il convient de relever, d'une part, que les représentations de sacrifices sont extrêmement rares au sein des cultures de l'Ibérie préromaine et, d'autre part, que les autels, tels que nous les rencontrons en Grèce ou dans le monde punique, font presque défaut dans le monde ibérique. En réalité, les autels d'époque préromaine en Ibérie appartiennent presque tous au monde phénico-punique. Il suffit de penser aux célèbres autels du sanctuaire d'Héraclès-Melquart dans l'Héracléion gaditain en rapport avec le commerce méditerranéen de la ville phénicienne de Gadir, dont l'un montre les exploits du dieu [17]. On peut encore invoquer les autels représentés sur certaines monnaies puniques du Sud de la péninsule Ibérique et qui ont trait au culte local de la ville [18], ou à ce que l'on interprète comme un possible autel grec avec des volutes, d'époque hellénistique, en marbre pentélique, provenant de la *chora* d'Ampurias et trouvé à Mas Castellar de Pontós. Cet autel a été mis en relation avec des cultes où intervenait le sacrifice de chiens et qui devaient avoir lieu dans un champ avec des silos à céréales. On s'accorde à croire que ces sacrifices faisaient partie d'un culte à Déméter [19]. Il est intéressant de signaler que, dans l'un de ces dépôts, se trouvait une petite tête de Coré associée à des instruments agricoles en fer qui appartiennent de ce fait à la déesse [20]. Les outils, tout comme la petite tête en terre cuite de la divinité chthonienne, servent à sacraliser ce dépôt de céréales de la *chora* ampuritaine.

La seule scène sacrificielle sur un vase grec attestée dans la péninsule Ibérique apparaît sur un cratère à figures rouges de la

---

17. A. García y Bellido, « Hercules Gaditanus », *Archivo Español de Arqueología* 36, 1963, p. 70-153.

18. Cf. aussi les monnaies d'époque républicaine, par ex., M. H. Crawford, *Coinage and Money under the Roman Republic*, Berkeley, 1985, 478/1a : bronze de Sextus Pompée et M. Eppius.

19. Cf. le catalogue de l'exposition *Los griegos en España*, Madrid, 2000, p. 325.

20. *Ibid.*, p. 327.

nécropole d'Alcácer do Sal, au Portugal[21]. Devant le prêtre, deux *splanchnoptoi* tiennent les broches en fer au-dessus d'un autel, sur lequel on a par ailleurs placé la portion du dieu : la queue (*osphys*). Un arbre et un bucrane servent à indiquer que nous nous trouvons dans l'espace du sacrifice. Le fait que ce site de la côte atlantique soit fréquenté par des Puniques et des Grecs sert peut-être à expliquer la présence d'une scène sacrificielle de ce type, dans la mesure où ce n'est que dans le monde des colonies — sémitiques ou grecques — que des autels ont été attestés.

Les scènes ibériques avec des sacrifices d'animaux à proprement parler sont donc exceptionnelles. D'autre part, elles ne semblent pas avoir eu recours aux grands autels de type grec avant l'époque ibéro-romaine, moment où l'on emprunte facilement les pratiques sacrificielles romaines. C'est le cas de ce relief ibéro-romain provenant d'Estepa (Séville) où l'image de l'autel fut détruite au XIX<sup>e</sup> siècle[22]. Il semble que la scène comprenait un personnage ityphallique, ce qui devait profondement choquer les gens de l'endroit.

Mais retournons à l'époque proprement ibérique. Au Musée Archéologique National se trouve un petit bronze figurant un sacrificateur provenant de Segura de la Sierra, dans la province de Jaén[23] (fig. 3 et 4). Les traits stylistiques permettent de le dater dans le courant du V<sup>e</sup> siècle av. J.-C. Très probablement cette figurine faisait partie d'un ustensile ; la base est encadrée par quatre volutes florales. Il s'agit d'un homme vêtu d'une tunique courte, aux cheveux longs qui retombent sur les épaules. Il est en train d'égorger un mouton de son couteau courbe, qui emprunte à nouveau la forme de la *falcata*. Il soutient la tête de l'animal de la main gauche pour faciliter l'épanchement du sang. Le sacrificateur plonge une jambe dans le cours d'eau qui va recevoir le sang de la petite victime. Le petit protomé d'un chien émerge du courant, ce qui sert à accentuer le caractère vivant et animé des flots, un peu à la manière du protomé du taureau anthropomorphe des fleuves

21. G. Trías, *Las cerámicas griegas de la Península Ibérica,* Valence, 1967-1968. En dernier lieu, cf. F. T. van Straten, « The God's Portion in Greek Sacrificial Representations. Is the Tail Doing Nicely ? », dans *Early Cult Practice. Proceedings of the Fifth International Symposium at the Swedish Institute at Athens, 26-29 june 1986*, R. Hägg, N. Marinatos et G. C. Nordquist éd., Stockholm, 1988, p. 51-68, en particulier p. 56.

22. Musée archéologique de Séville. T. Chapa, *Influjos griegos en la escultura zoomorfa ibérica. Iberia Graeca.* Serie Arqueológica, 2, Madrid, 1986, p. 111, fig. 37, 2 ; R. Olmos coord., *Los iberos y sus imágenes (CD-Rom),* Madrid, 1999, n° 85.4.

23. Id., *ibid.*, n° 85.2.

Fig. 3 et 4. — Scène de sacrifice d'un mouton sur un fleuve.
Bronze ibérique de Segura de la Sierra (Jaén). Musée archéologique national, Madrid.
Photo : courtoisie du Musée.

grecs, claire allusion à la fécondité de l'endroit. Tous ces signes — mouton, chien, cours d'eau — servent à indiquer la proximité de l'espace sacrificiel typique de l'entourage de l'économie domestique du sacrificateur. Le sang de la victime coule directement dans le fleuve pour le féconder. L'autel n'est pas nécessaire. Par le biais de cette offrande, le sacrificateur aux cheveux longs établit le dialogue avec la divinité des eaux qui fécondent l'endroit. Il lui offre le contre-don, les prémices à travers le petit animal. Le sacrifice sert à marquer, à sacraliser le territoire. Il lie les dieux et les hommes.

Or, dans la plupart des exemples ibériques, la relation entre l'aristocrate et la divinité n'emprunte pas la formule du sacrifice animalier. Je crois que l'une des raisons de cette absence ne réside pas dans le fait qu'elles n'existent pas — elles étaient certainement répandues et nous en avons la preuve grâce aux données dégagées des fouilles — mais au fait qu'il y avait d'autres codes de représentation hérités de la tradition phénicienne, très enracinée au sud de la péninsule Ibérique.

Permettez-moi de faire un petit excursus pour tenter d'expliquer ce rapport. Dans l'ensemble sculptural de Porcuna (Jaén), qui sert à exprimer la fécondité du territoire protégé par les dieux autour d'un groupe aristocratique au pouvoir dans la deuxième moitié du v^e^ siècle av. J.-C., le large répertoire d'animaux qui partagent l'espace avec les héros et les ancêtres de cette lignée de princes n'est que l'expression de l'étroite et intime relation entre le pouvoir, la nature et les divinités de l'endroit[24]. Comme il arrivait avant dans le monde phénicien, le dialogue s'établit ici à travers le code animal. Le griffon plante ses griffes dans la palmette qui surgit, féconde, de la terre et autour de laquelle s'enroule un serpent qui accompagne la naissance florale miraculeuse[25]. La naissance de la fleur associée au griffon est un motif d'origine phénicienne que nous trouvons dans d'autres sanctuaires comme celui de Carmona (Séville)[26]. Les griffons sont représentés à la manière orientale, portant une sorte de jupe. Ceci s'explique par le fait qu'ils appartiennent ici à la sphère civilisée des dieux ; ils en sont les serviteurs[27]. Le griffon, la palmette et le serpent servent sûrement, à Porcuna, à exprimer un mythe d'autochthonie : un endroit réservé aux aristocrates, caractérisé par la naissance féconde. Le monument

24. I. Negueruela, *Los monumentos escultóricos ibéricos del Cerrillo Blanco de Porcuna (Jaén)*, Madrid,1990.

25. *Ibid.*, p. 269 sq. ; R. Olmos coord., *op. cit.* (n. 22), n° 81.1.

26. M. Belén *et alii*, *Arqueología en Carmona (Sevilla). Excavaciones en la Casa-Palacio del Marqués de Saltillo*, Carmona, 1997, p. 145-165, fig. 33-36 ; *Les Ibères*, Paris, 1997, n° 7 et 8, p. 234 et 235 ; R. Olmos, *op. cit.* (n. 22), n° 27.1.2. Cet animal mythique qui protège la fleur de lotus, qui foule de ses griffes la tige fleurie et qui plante une de ses griffes dans la volute, nous le trouvons aussi dans le monde grec archaïque, en particulier dans la zone ionienne. Voir par exemple le bas-relief au sphinx de Milet, aux Staatliche Museen, Berlin n° 1614. Cf. P. Jacobsthal, *Ornamente griechischer Vasen*, Berlín, 1927, fig. 136b.

27. Ce motif et d'autres encore propres à la sphère religieuse orientalisante et tartessienne se multiplient et sont transmis au monde ibérique par le biais de petits objets tels que des bijoux, des ivoires mais aussi et surtout grâce à la grande statuaire. Finalement nous les retrouvons sous une forme monumentale à Porcuna.

raconte sans doute les origines de la fécondité de l'endroit, dont les princes sont protégés par la divinité.

Le personnage en train de se masturber remplit une fonction similaire dans le complexe programme iconographique de Porcuna [28]. Son sperme sera la semence des héros. Ce grand ensemble sculptural est encore rempli par une foule d'animaux aussi bien de la terre que de l'air, de l'espace mythique que de l'espace réel, de celui tout voisin que de celui de l'*eschatia*. Ainsi le jeune taureau, représenté avec l'âge et la taille parfaits, est consacré aux dieux protecteurs de la fécondité des terres de l'*oppidum* aristocratique de Porcuna [29]. La représentation du sacrifice ne s'avère donc pas nécessaire — il n'y a pas de tradition iconographique antérieure ; la seule expression de la perfection de l'animal et de sa disponibilité à s'offrir au sacrifice suffit. Le dialogue entre les dieux et les princes introduit encore à Porcuna la présence du dieu ou de la déesse offrant deux capridés, tenus dans les mains [30] (fig. 5 et 6). Cette présence est une claire allusion au territoire de la chasse appartenant à l'*oppidum* et que le *despotes* ou la *potnia* des animaux garde, rend propice et octroie aux hommes.

Le sanctuaire d'El Pajarillo (Huelma), fouillé en 1994, a permis aux inventeurs du site de documenter un espace cultuel érigé sur une frontière, tout près d'une importante voie ibérique [31]. Un monument sculpté est associé à cet endroit. Il est bâti sur un haut podium construit avec des blocs, auquel on accède par des gradins protégés de part et d'autre par un lion. Devant le monument, on a pu reconnaître l'existence de pratiques sacrificielles associées au feu. Point de présence d'autel de type grec, une nouvelle fois. Parmi les offrandes, on a pu identifier des fragments appartenant à trois cratères en cloche attiques de la première moitié du IVᵉ s. av. J.-C. qui permettent de dater l'activité cultuelle de l'endroit.

---

28. I. Negueruela, *op. cit.* (n. 24), p. 247 sq., fig. XLVI ; R. Olmos coord., *op. cit.* (n. 22), n° 95.2.

29. Id., « Tiempo de la naturaleza y tiempo de la historia : una lectura ibérica en una perspectiva mediterránea », dans *La categoria spazio-tempo nelle religione del mondo classico. I° seminario italo-spagnolo di storia delle religioni, Roma 16-17 febbraio 2000*, D. Segarra coord., Rome, s. p.

30. I. Negueruela, *op. cit.* (n. 24), p. 242 et 289 ; R. Olmos coord., *op. cit.* (n. 22), n° 85.1.1.

31. M. Molinos *et alii*, « El santuario heroico de "El Pajarillo" de Huelma (Jaén, España) », dans *Los Iberos, Príncipes de Occidente. Estructuras de poder en la sociedad ibérica*, C. Aranegui éd., Barcelone, 1998, p. 159-167 ; M. Molinos *et alii*, *El santuario heroico de «El Pajarillo» (Huelma, Jaén)*, Jaén, 1998.

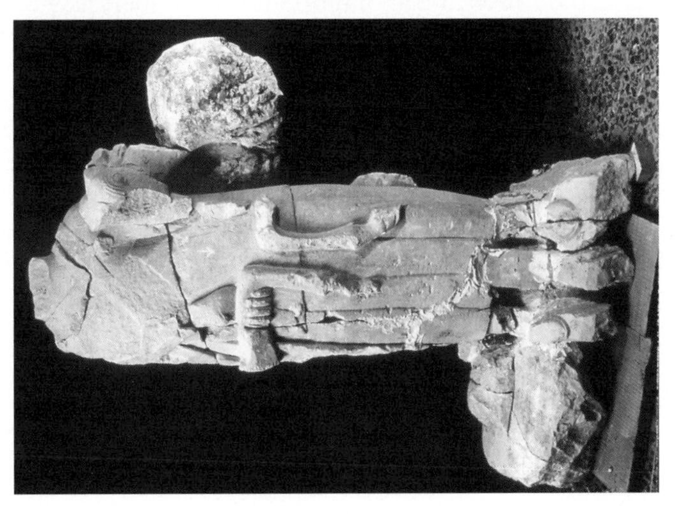

Fig. 5 et 6. — Dieu ou déesse aux capridés, de Porcuna (Jaén). Musée de Jaén.
Photo : courtoisie de l'Institut archéologique allemand, Madrid.

Le monument est couronné par un groupe de sculptures en calcaire. Nous y découvrons l'iconographie traditionnelle du griffon à côté d'une autre plus novatrice : celle d'un affrontement entre un homme et un monstre. Il y a un télescopage évident de deux langages, ce qui est caractéristique de la société aristocratique ibérique des v^e^ et iv^e^ siècles av. J.-C. En effet, on maintient le langage de la vieille tradition orientalisante qui, comme à Porcuna, se caractérise par la domination du griffon comme animal fécondant et gardien du territoire et des richesses des princes. Il n'est même pas nécessaire de figurer le griffon en action, sa seule présence sert à évoquer les exploits et le prestige. L'une de ses fonctions consiste à surveiller et à protéger, raison pour laquelle l'œil du monstre est représenté toujours ouvert et rond, les orbites bien marquées et la gueule ouverte et menaçante. Pour cette raison, les griffons d'El Pajarillo devaient vraisemblablement encadrer la scène pour nous indiquer, tout simplement, que la scène qui se déroule sous nos yeux est un exploit mémorable et surhumain qui appartient à la sphère héroïque et se place dans un temps reculé. D'après l'interprétation hautement suggestive faite par les fouilleurs, il devait s'agir de l'affrontement entre un homme et un loup gigantesque. On observe en outre les restes d'un autre corps, probablement allongé, d'un garçon nu qui pourrait en réalité être à l'origine de la lutte. Nous aurions là la projection mythique de l'histoire à la dynastie mythique de l'endroit. Quoi qu'il en soit, ce qui frappe d'emblée c'est l'énorme différence dans le traitement des figures humaines par rapport au loup. Il est évident que nous avons affaire à un animal qui appartient à l'endroit, voire qui y est enraciné depuis un temps immémorial. Il le protège, en est le gardien et le féconde. Son caractère fécondant est souligné, si besoin était, par le sexe ityphallique très marqué. C'est une figure hiératique qui exprime l'*arétè* ou vertu intrinsèque, inamovible de l'animal qui détient le pouvoir d'un lieu donné. De la tête de son opposant ne sont conservés que des fragments appartenant probablement au nez et à la bouche. Ils appartiennent à un personnage serein — la sérénité est l'*arétè* chez le noble — ce qui contraste avec la férocité du loup. Nous en conservons par contre le corps. Ce corps en mouvement appartient à un homme habillé d'une tunique courte, ceint d'une ceinture bien travaillée. Il porte encore un manteau dont il se sert, à la manière d'un bouclier, pour se protéger du loup. L'homme avance prudemment la jambe et penche le corps, prêt aussi bien à la défense qu'à l'attaque. Il est sur le point de dégainer une épée courbe, une *falcata*, arme qui confère une nouvelle fois un certain caractère sacré et rituel à l'affrontement. Sur le cou, on peut apprécier une bandelette sacrée, signe rituel des guerriers ibériques. L'exploit a un caractère initiatique, raison pour laquelle cet endroit est un lieu de culte héroïque où l'on consacre des offrandes. Les découvreurs du site interprètent ce groupe comme la représentation d'un exploit, comme l'invention d'un mythe qui sert à justifier l'expansion et le contrôle du territoire par un *oppidum* ibérique au IV^e siècle av. J.-C. Le sanctuaire se place dans l'*eschatia* ; l'endroit du monstre passe désormais en la possession du héros vainqueur : l'expression politique des nouvelles limites territoriales de l'*oppidum*. Face aux griffons et aux lions qui maintiennent leurs fonctions symbolique et narrative traditionnelles, la figure humaine introduit l'action, la narration inattendue qui sort d'elle-même, l'incertain, la surprise. Elle reste néanmoins entourée de signes hiératiques, ce qui est particulier à l'art ibérique. Et c'est justement cette tension qui attire surtout notre attention, aussi bien au niveau plastique qu'iconographique, dans les sculptures d'El Pajarillo. Le monument commémoratif est associé à un espace sacrificiel et à un territoire.

Cette relation ou dialogue entre les hommes et les dieux par l'intermédiaire du monde animal est encore présente dans bien d'autres documents ibériques. C'est le cas d'un grand nombre de vases ou de reliefs comme celui d'Almodóvar del Río (Cordoue) avec une procession rituelle [32]. A gauche, nous voyons deux hommes à cheval lancés à la poursuite d'un cerf qu'ils blessent d'un trait. Le premier cavalier nous montre frontalement son bouclier rond, la *caetra*, et son visage est également vu de face : il s'agit de la représentation de la figure victorieuse, que l'on tient ici à montrer aussi bien comme guerrier que comme chasseur. Nous voyons ensuite un char processionnel à droite. Le char transporte une image de grande taille, celle d'une déesse vue de face. Après une analyse minutieuse, mon collègue Juan Blánquez a pu conclure au fait que la déesse soutient un faon qu'elle montre dans ses mains. Le relief nous place donc dans la sphère de la chasse dans le territoire ibérique. Le dialogue avec la divinité s'établit ici par la double action représentée sur la frise. En effet, à la chasse au cerf des aristocrates répond la déesse de l'endroit qui offre de ses mains un autre faon. Nous avons donc ici une épiphanie ; l'arrivée de la déesse sur un char, de la *potnia* ou maîtresse des cerfs qui rend propice et octroie aux hommes la chasse, qui renouvelle de manière cyclique la richesse du

---

32. Cf. R. Olmos coord., *op. cit.* (n. 22), n° 83.6.

territoire. L'apparition du dieu chasseur sur un char ou sur une plate-forme avec des roues est un sujet récurrent dans la sphère péninsulaire ; elle a des précurseurs orientaux. Il suffit de penser au petit char rituel de Mérida, actuellement au musée de Saint-Germain-en-Laye [33], ou aux fibules en argent comme celle de Chiclana de Segura, à Jaén [34]. Sur l'arc de la fibule, nous voyons figurée une scène de chasse à cheval de caractère héroïque. Un cavalier, armé du bouclier rond ou *caetra*, traque un sanglier avec son chien. Celui-ci court en direction de son maître tandis qu'il tourne la tête vers le fauve. De manière synthétique est ici représenté le mouvement de poursuite autour de la proie. Sur la partie frontale de la fibule, un personnage vu de face surgit, de son char guidé par deux protomés de cheval en position ascendante. Il s'agit probablement du char du soleil, motif que nous connaissons bien grâce à des représentations méditerranénnes du IIIe-IIe siècle av. J.-C. [35], comme sur les vases à relief de Calès. La chasse a lieu à l'aube. La vigueur divine du soleil naissant est ainsi transmise à la chasse héroïque. Le lever du soleil est loin d'être une simple indication temporelle ou abstraite ; bien au contraire, il marque le moment d'attente et d'accomplissement des exploits héroïques. Comme sur le relief où nous voyions la déesse sur un char portée en procession, le char du Soleil assiste et accompagne le chasseur. Il renouvelle, rend propice, assiste la chasse.

Mais les représentations de divinités sont loin d'être fréquentes dans le monde ibérique. En effet, au nombre des milliers d'offrandes d'ex-voto en bronze trouvés dans les grottes-sanctuaires — probablement intercommunautaires ou supra-urbains, comme ceux de Despeñaperros ou de Castellar de Santisteban à Jaén, placés tout près des routes commerciales avec l'intérieur de la péninsule — nous allons rarement trouver des images de divinités [36]. Il s'agit d'offrants, généralement debout, bien que l'on trouve assez fréquemment des cavaliers. Ces figurines sont particulièrement

33. Cf. *Les Ibères*, París, 1997, p. 344 sq., n° 352 ; R. Olmos coord., *op. cit.* (n. 22), n° 28.1. Pour le monde phénicien, cf. R. D. Barnett, « The God on Wheels ; or, the Seal of Shema », dans *Studia Mediterranea. Piero Meriggi dicata* I, O. Carruba éd., Pavie, 1979, p. 53-63.

34. R. Olmos coord., *op. cit.* (n. 22), n° 56.2.1.

35. Id., « Hélios en Ibérie. Note pour une recherche », dans *Ἀγαθὸς δαίμων. Mythes et cultes. Études d'iconographie en l'honneur de Lilly Kahil* (*Bulletin de Correspondance hellénique*, Suppl. 38), 2000, p. 393-401.

36. G. Nicolini, *Les bronzes figurés des sanctuaires ibériques*, Paris, 1969.

intéressantes du point de vue de leur expression religieuse. Certaines ont les yeux écarquillés, d'autres plus souvent ont de grandes oreilles comme s'ils étaient prêts à percevoir — *ex visu*, ou plus probablement, *ex auditu* — la présence divine, *épékoos*, qui les entend. La plupart de ces ex-voto doivent être mis en rapport avec des rites d'initiation de genre, d'âge et de classe sociale comme les jeunes gens armés, les hommes à cheval, les dames parées pour la fête ou des personnages nus, aussi bien masculins que féminins, dans des rituels de guérison et de fécondité.

J'insiste donc sur le fait que le visage de la ou des divinités auxquelles furent consacrés ces milliers d'offrandes, et ceci pendant plusieurs siècles, nous échappe en général ; seulement dans des cas exceptionnels on arrive à mieux la cerner. C'est le cas sur un fragment céramique appartenant à un grand vase trouvé dans la grotte-sanctuaire de la Umbría de Salchite, à Murcie [37]. La grotte est l'espace d'initiation singulier dans le monde ibérique qui relie le royaume souterrain des dieux avec le monde des mortels. Sur ce fragment, datant au plus tôt du IIIe siècle av. J.-C., nous assistons à l'épiphanie d'une déesse ailée, recouverte d'un voile et aux bras levés et recouverts de peaux de loup. Sa poitrine est décorée d'une rosette et elle porte une ceinture à la taille. La déesse est placée dans une métope, espace sacré d'où l'apparition subite déborde. C'est la Maîtresse des loups, aux gueules ouvertes et aux incisives bien marquées. Sous les pieds nus de la déesse, on peut observer un autel bas, une *eschara* au feu allumé, dont l'odeur attire les animaux. La déesse de la grotte reçoit donc les offrandes brûlées et se présente aux hommes sous un aspect terrifiant et grotesque. C'est l'un des rares exemples où nous voyons la divinité locale représentée [38].

Les patères en argent ibériques, décorées d'une tête menaçante de carnassier ou d'un « omphalos », intègrent une série de grand intérêt pour notre connaissance de la conception religieuse ibé-

---

37. R. Olmos coord., *op. cit.* (n. 22), nº 70.2. Cf. J. González Alcalde, T. Chapa, « Meterse en la boca del lobo. Una aproximación a la figura del *carnassier* en la religión ibérica », *Complutum* 4, 1993, p. 169-174.

38. Il est impossible de savoir si cette apparition de la déesse dans la grotte, sous une peau de loup, est liée à un rituel d'hommes revêtus de peaux de loup. La déesse pourrait être le modèle d'une pratique cultuelle humaine. Nous connaissons, dans le monde antique, des rituels impliquant des hommes revêtus d'une peau de loup en relation avec des grottes, comme celui des *Luperci* à Rome (Servius, *Aen.* XI, 785). Les *luperci* (« loups », à l'origine) sortent du Lupercal, la grotte située à côté du Palatin, et parcourent, déguisés, les rues de Rome (G. Binder, *Die Aussetzung des Königskindes. Kyros und Romulus,* Meisenheim am Glan,1964, p. 40 sq., 92 sq., etc.).

rique [39]. Depuis le IV^e siècle av. J.-C. un certain nombre d'entre elles adoptent le langage hellénisant à la mode. C'est le cas de l'exemplaire provenant de Santisteban del Puerto (Jaén) qui synthétise, à mon sens, tout un mélange de croyances locales autour de la mort avec l'iconographie dionysiaque de l'au-delà [40]. La tête du loup qui la décore tout comme ses entrailles d'où surgit la face humaine pathétique sont, dans le monde ibérique, l'image du voyage dans l'au-delà du défunt. La peau et les dents servent de protection au personnage qu'ils entourent [41]. Le serpent, associé au loup, sert encore à affirmer le caractère infernal et chthonien de l'image. La petite frise d'Érotes chasseurs ainsi que le *makarismos* du banquet nocturne des Centaures et des Centauresses musiciens — cymbales, cithares, flûtes, libations, vin, gestes de fécondité… — nous placent dans la sphère de Dionysos. Force est de constater que nous avons affaire à un Ibère ouvert à la mode et à la *paideia* grecques.

L'une des quatre patères du trésor de Tivissa, enfoui dans une cachette d'un village ibérique de Catalogne après 190 av. J.-C., nous offre encore une étrange iconographie sacrée [42] (fig. 7). Un personnage de petite taille touche le genou d'une divinité infernale assise sur un trône protégé par des sangliers. Il accompagne ce geste de supplication par une offrande ronde, probablement une pièce de monnaie. Le fait d'offrir des pièces de monnaie aux divinités infernales est déjà attesté dans la religion romaine et ceci depuis des temps fort reculés [43]. Derrière le dieu, nous voyons un Centaure en train de flairer une fleur, placé à la charnière de l'au-delà. Derrière le petit personnage qui fait l'offrande sont représentés un personnage assis sur la pointe des pieds, en train de se lamenter, et une scène de chasse à cheval empruntant le même schéma, que nous avons déjà eu l'occasion de voir, du guerrier armé de son bouclier, schéma que nous voyons ici synthétisé en outre avec une lutte d'animaux : un lion dévorant un sanglier, autrement dit l'un des

39. R. Olmos coord., *op. cit.* (n. 22), n° 33.5 ; 67.1.2 ; 90,1 ; 90, 4 ; G. M. A. Richter, « Greek Fifth-Century Silverware and Later Imitations », *American Journal of Archaeology* 54, 1950, p. 357-370.

40. R. Olmos, « Motivos iniciáticos mediterráneos en la iconografía ibérica », dans *Tranquillitas, Mélanges en l'honneur de Tram Tan Tinh*, M.-O. Jentel *et alii.* éd., Québec, 1994, p. 435 sqq.

41. Les dents, tout comme la peau du loup, ont des vertus non-maléfiques d'après Pline (*Histoire naturelle* XXVIII, 257).

42. R. Olmos coord., *op. cit.* (n. 22), n° 85.3, 90.1.

43. G. Wissowa, *Religion und Kultus der Römer*, Munich, 1912², p. 235 et 428 ; cf. S. Eitrem, *Opferritus und Voropfer der Griechen und Römer*, Kristiana, 1915 (réimpr. 1977), p. 266 sq.

Fig. 7. — Patère en argent du trésor de Tivissa (Tarragone). Musée archéologique national de Catalogne, Barcelone. Dessin de Julia Sánchez, Institut d'Histoire, CSIC.

vieux sujets panméditerranéens de tradition orientalisante. La chasse héroïque se place ici sur les limites du territoire, sur l'*eschatia*, où habitent les animaux sauvages. Plus loin encore se trouve le royaume de la mort. Mais ce qui nous intéresse ici est la scène suivante. Elle est encadrée par deux lynx, l'animal qui voit dans l'obscurité de la nuit. Ici, ils sont représentés de face. Nous avons affaire à une scène de sacrifice où officient deux démons ailés infernaux. Deux aides flanquent le sacrificateur principal, de plus grande taille. Il y a une accumulation d'éléments, une véritable concentration d'information. Le démon de gauche, mi-nu, portant une sorte de caleçon, tient deux branches destinées aux aspersions purificatoires et une cruche pour faire des libations. A sa droite, son aide, en tunique courte, s'affaire autour d'un énorme brûle-parfums. Derrière, un oiseau, posé sur une branche, tourne la tête pour contempler la scène du sacrifice. Il est là pour exprimer l'augure, l'*omen* divin. Le sacrificateur, habillé d'une tunique longue, s'apprête à égorger un mouton sur le sol. Il prend l'animal par derrière avec ses deux jambes (la droite et les bras sont laissés à découvert pour que nous puissions voir l'action) [44]. Le motif est assez récurrent sur la céramique de Calès du IIIe siècle av. J.-C. et continue d'être utilisé pendant l'époque impériale romaine. Notre patère est donc influencée par un modèle italique d'époque hellénistique. Nous assistons à un sacrifice infernal dont le grand couteau à large lame (et non pas le couteau courbe du type *falcata* que nous avions vu auparavant) joue une nouvelle fois le rôle principal. Le sang de l'agneau va tomber directement sur la terre, plaquant de ce fait les divinités infernales.

Le sacrifice, sur la patère de Tivissa, insiste sur le rôle principal du couteau sacrificiel. Contrairement aux scènes grecques, où le moment de la mort est rarement représenté, l'artiste ibérique, lui, s'attarde sur le moment sanglant, avec la tension dramatique de l'animal qui sait qu'il va mourir. J'aimerais encore m'arrêter sur un ensemble d'instruments sacrificiels du monde péninsulaire préromain, bien qu'ils nous mènent en dehors du monde proprement ibérique. Il s'agit du soi-disant couteau du musée Valencia de Don Juan, à Madrid [45]. Comme sur d'autres objets similaires, nous y voyons une scène de sacrifice d'animaux. Un mouton, un porc et

44. Sur le schéma classique, ici emprunté, cf. N. Kunisch, *Die Stiertötende Nike. Typengeschichtliche und mythologische Untersuchungen* (Diss.), Munich, 1964.

45. J. M. Blázquez, *Imagen y mito. Estudios sobre religiones mediterráneas e ibéricas*, Madrid, 1977, p. 366, fig. 144, 2.

une chèvre attendent leur tour sur une file à côté des sacrificateurs. Une fois de plus, l'autel fait défaut ; à sa place, un grand cratère recueillera le sang des victimes. Sur l'ustensile, l'espace domestique et l'espace sauvage se trouvent divisés. Éloigné du groupe, à l'une des extrémités de l'objet, un animal sauvage, un ours (?), est traîné par une corde. La séparation est significative. La séquence et l'expression du sacrifice sont locales ; le grand torque, placé à même le sol à côté du cratère, est une offrande de valeur qui nous introduit dans les normes sacrées de la collectivité celtique. Or, la manière de rendre iconographiquement l'action dénote l'influence narrative du monde romain.

J'aimerais dire un mot du sacrifice humain, du rituel de l'immolation. Le fait que l'acte soit volontaire accroît le pacte avec les ancêtres et les dieux. Ainsi, le duel des deux guerriers sur l'un des angles du monument d'Osuna (Séville) assume le caractère d'auto-immolation, probablement de pacte de *fides* avec le personnage enterré dans ce monument en forme de tour [46] (fig. 8). L'arme utilisée n'est autre que la *falcata* courbe, l'arme héroïque et dans un certain sens sacrificielle puisque le duel se résoudra probablement avec l'offrande volontaire de la vie. Une joueuse de flûte, parée de ses meilleurs habits, joue du double instrument et accompagne le combat singulier [47] (fig. 9). La tombe est l'espace sacré de l'immolation, du pacte et de la fidélité au prince. Nous savons que ce genre de rituels avait lieu à l'occasion de jeux funéraires ibériques, comme ceux établis par Scipion l'Africain à *Carthago Nova* en l'honneur de son père et de son oncle (Publius et Cnaeus), morts en Hispanie pendant la Deuxième Guerre Punique. La noblesse ibérique de la plus haute extraction prenait part volontairement à ces concours qui pouvaient se résoudre par la mort de l'un des combattants, ce dont Tite Live se fait l'écho (XXVIII, 21).

Sur quelques vases de Liria de la fin du IIIe siècle av. J.-C., sont encore figurés des duels funéraires qu'il faut peut-être rapprocher de ce type de combat héroïque [48]. Sur un grand vase du Castelillo de Alloza (Teruel), l'espace sous les anses est occupé par un duel [49]

46. R. Olmos coord., *op.cit.* (n. 22), nº 75.5.1.

47. Id., *ibid.*, nº 75.4.

48. R. Olmos, « Combates singulares. Lenguajes de afrimación de Iberia contra Roma », dans *Iconografía y Arqueología : indagar en las imágenes (16-18 de noviembre de 2001)*, T. Tortosa et J. A. Santos coord., Coloquio internacional, Escuela Española de Historia y Arqueología, Roma, CSIC, s. p.

49. P. Atrián, « Primera campaña de excavaciones en el poblado ibérico de El Castelillo (Alloza, Teruel) », *Teruel* 17-18, 1957, p. 256, fig. XXIII ; R. Olmos coord., *op. cit.* (n. 22), nº 78.3 avec bibl.

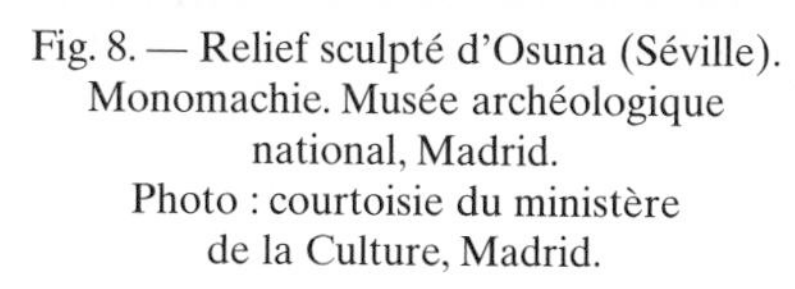

Fig. 8. — Relief sculpté d'Osuna (Séville). Monomachie. Musée archéologique national, Madrid. Photo : courtoisie du ministère de la Culture, Madrid.

Fig. 9. — Relief sculpté d'Osuna (Séville). Joueuse de flûte. Musée archéologique national, Madrid. Photo : courtoisie du ministère de la Culture, Madrid.

(fig. 10). Les guerriers, aussi bien des fantassins que des cavaliers, tout comme un personnage assis sur un trône à dossier et tenant un sceptre, contemplent l'issue du combat. Ils sont respectivement les témoins et le juge de l'exploit, ceux qui devront conserver le souvenir de la scène qui se déroule sous leurs yeux. Ceci explique le geste participatif des mains levées et le fait que l'homme assis tienne un sceptre. Sous les combattants, on avait figuré deux taureaux (dont un seul est conservé), placés de part et d'autre d'un élément végétal. C'est la manière de suggérer que la raison de ce combat est à chercher dans une dispute territoriale entre deux communautés. Nous avons affaire très probablement à un nouvel exemple d'auto-immolation.

Un passage de l'historien Appien (*Ibérikè* 53) raconte le duel qui opposa un guerrier de la ville d'Intercatia à Scipion[50].

50. F.-J. Fernández Nieto, « Una institución jurídica del mundo celtibérico », *Estudios de Arqueología ibérica y romana. Homenaje a Enrique Pla*, Valencia, 1992, p. 382-384.

Fig. 10. — Vase du Castelillo de Alloza (Teruel), avec scène de duel. Musée de Teruel. Photo : Ricardo Olmos, CSIC.

Autrement dit, le combat individuel, un duel de princes, allait décider du sort des deux commautés, la communauté hispanique d'Intercatia et l'armée conquérante de Rome. Scipion devait l'emporter alors que le prince d'Intercatia trouva la mort dans le combat. Des années plus tard, le fils du guerrier mort montrait, plein de fierté, un anneau sur lequel était gravé l'exploit héroïque de son père, ce qui pour les Romains était paradoxal et incroyable (Pline, *Histoire naturelle* XXXVII, 9). Ils ne parvenaient pas à s'expliquer pourquoi cet Ibère se vantait de quelque chose qui pour eux n'était qu'une défaite. La réponse ne peut être autre que celle-ci : pour le code hispanique des habitants d'Intercatia, il ne s'agissait pas d'une défaite mais d'une auto-immolation, d'un sacrifice en faveur de la collectivité. L'image servait donc à se rémémorer l'accomplissement d'un acte rituel en Ibérie, d'un pacte que l'on se devait de rappeler et de montrer. Le fils ne faisait qu'accomplir son devoir, qui n'était autre que celui de conserver vivante la mémoire de son ancêtre. La mort de l'homme d'Intercatia en était venue à intégrer la sphère sacrificielle de l'*oppidum*. Elle était donc digne d'ostentation et de souvenir.

Ricardo OLMOS

# SANCTUAIRE ET ASYLIE : À PROPOS D'UN RELIEF FIGURÉ D'ÉPOQUE ANTONINE À APHRODISIAS DE CARIE

Parmi les titres que se disputaient âprement les cités grecques d'Asie Mineure et d'Anatolie au temps de la domination romaine, celui d'*asylie*, qui conférait à la ville — ou du moins à son principal sanctuaire — le droit d'abriter des suppliants, n'était certainement pas l'un des moins convoités si l'on en juge d'après la fierté avec laquelle ce privilège était proclamé : inscriptions, monnayage, iconographie, tous les moyens étaient bons pour en assurer la publicité. Un panneau sculpté d'Aphrodisias, orné d'une scène mythologique inhabituelle, me paraît devoir être interprété comme l'un de ces témoignages d'autoglorification (fig. 1).

Ce relief a fait l'objet d'une brève mention dans le catalogue de l'article « Amazones » du *Lexicon Iconographicum Mythologiae Classicae*[1]. Dans son commentaire, P. Devambez n'a pas manqué de souligner la rareté de la scène représentée, se demandant s'il ne fallait pas tout simplement la mettre au compte d'un certain goût de l'exotisme[2]. Il semble toutefois qu'une explication plus pertinente puisse être proposée en replaçant le relief dans son contexte local, et plus précisément dans le contexte religieux de l'asylie du sanctuaire d'Aphrodite.

Rappelons brièvement les circonstances de la découverte. Le relief fut mis au jour en 1977 à proximité de l'« Agora Gate », façade monumentale à édicules érigée dans le courant du IIe siècle ap. J.-C. à l'extrémité orientale de l'agora sud d'Aphrodisias[3]. Vers le

1. *LIMC* I, 1981, *s. v.* « Amazones » 148* (P. Devambez, A. Kauffmann-Samaras).

2. *Ibid.*, p. 652 (où le relief est erronément indiqué comme provenant de la basilique d'Aphrodisias).

3. Sur l'agora sud : N. de Chaisemartin, A. Lemaire, « Le portique de Tibère : recherches sur son architecture et sa fonction », dans *Aphrodisias Papers* 3, C. Roueché et R. R. R. Smith éd. (*Journal of Roman Archaeology*, Suppl. 20), 1996, p. 149-172.

FIG. 1. — Relief d'Aphrodisias (inv. 77-61) : Dionysos et Pan combattant les Amazones. Photo Aphrodisias Excavations.

milieu du Ve siècle cet édifice fut transformé en fontaine, ce qui nécessita l'adjonction d'un grand bassin destiné à recueillir les eaux à l'avant de la façade [4]. La fouille de ce bassin révéla la présence de plusieurs panneaux sculptés qui, de toute évidence, n'étaient pas dans leur situation d'origine mais avaient probablement été empruntés à un monument voisin et utilisés comme matériau de construction ou comme éléments de décor. Un parallèle célèbre existe à Éphèse où, vers la même époque, la Bibliothèque de Celsus fut transformée en fontaine grâce à l'adjonction d'un bassin dans lequel furent remployés plusieurs panneaux sculptés provenant du « monument des Parthes » [5].

Le nombre total de reliefs s'élève à une vingtaine ; ils sont de dimensions à peu près équivalentes — environ 2 m de longueur et 1,20 m de hauteur — et présentent une même structure architectonique [6]. Les sujets figurés se répartissent en trois thèmes principaux, qui ont en commun de se rapporter à des combats mythiques : gigantomachies, centauromachies, amazonomachies ; un panneau isolé et sensiblement plus grand que les autres est orné d'une scène pastorale. D'après des critères tant stylistiques qu'iconographiques, il est probable que ces reliefs ont été sculptés vers la fin de l'époque antonine. Quant au monument qu'ils ornaient à l'origine, nous ignorons encore et son emplacement et sa destination précise. Néanmoins, la date et la thématique des reliefs laissent supposer qu'un tel monument n'était pas sans rapport avec les campagnes militaires aux frontières de l'Empire, et plus particulièrement la campagne parthique menée par Lucius Vérus dans les années 162-166. Comme l'écrit L. Robert, « on célébrait avec ferveur, dans la vie publique et dans le monnayage, les succès et les paix, même précaires, obtenues par l'empereur. On le recevait dans les villes avec des transports de joie » [7]. Plus encore que d'autres cités, Aphrodisias

---

4. Sur la transformation de l'Agora Gate en fontaine, voir en dernier lieu C. Ratté, « New research on the urban development of Aphrodisias in late antiquity », dans *Urbanism in Western Asia Minor*, D. Parrish éd., Portsmouth, 2001, p. 135 sq. et 143 sq.

5. C. Foss, *Ephesus after antiquity : A Late antique, Byzantine, and Turkish city*, Cambridge, 1979, p. 65 ; F. Hueber, *Ephesos — Gebaute Geschichte*, Mayence, 1997, p. 78, fig. 98.

6. Pour une présentation préliminaire de ces reliefs, dont la publication est en préparation, voir P. Linant de Bellefonds, « The mythological reliefs from the Agora Gate », dans *Aphrodisias Papers* 3, *op. cit.* (n. 3), p. 174-186.

7. L. Robert, *A travers l'Asie Mineure*, Paris, 1980, p. 426. Sur l'impact de la campagne de Lucius Vérus au Proche-Orient et sur les causes de son « éclipse » dans la tradition historique : G. W. Bowersock, « Lucius Verus in the Near East », dans *Rome et ses provinces. Hommages à Jean Charles Balty*, Bruxelles, 2001, p. 73-77.

avait de bonnes raisons de se sentir concernée par ces événements : outre le fait que Lucius Vérus avait établi son quartier général non loin de là, à Éphèse, il ne faut pas oublier qu'Aphrodisias avait sérieusement souffert d'une invasion des Parthes au moment des guerres civiles romaines, au Ier siècle av. J.-C. [8]. Les reliefs du bassin de l'Agora Gate pourraient donc bien refléter les préoccupations de l'époque [9].

Trois panneaux complets se rapportent à l'amazonomachie et deux importants fragments attestent l'existence d'au moins deux autres reliefs consacrés à ce thème. Si la plupart présentent une iconographie assez banale, héritée de l'art classique et hellénistique, où se mêlent certains groupes et motifs également utilisés dans le répertoire des ateliers de sarcophages contemporains, le panneau qui nous intéresse ici figure au contraire une scène tout à fait originale. Ce n'est pas un phénomène unique à Aphrodisias : les reliefs du Sébasteion, par exemple, montrent une combinaison de motifs familiers et de sujets beaucoup plus obscurs dont on ne parvient à décrypter le sens qu'à la lumière du contexte local [10].

L'identification des personnages ne pose guère de problème. On reconnaît à l'extrémité gauche Dionysos, coiffé de l'épaisse couronne de pampres, le front ceint d'une bandelette ; son animal favori, une petite panthère, bondit à ses côtés. Du bras droit, dont la cassure montre qu'il était levé, le dieu, représenté en vif mouvement vers la droite, devait brandir une arme, peut-être le thyrse. Face à lui, une amazone, vêtue d'une tunique courte qui lui découvre le sein droit, chaussée de bottines et armée de la traditionnelle *pelta*, est en train de glisser de son cheval fortement cabré. Le personnage suivant est Pan, dont on distingue encore, malgré les mutilations, la tête mi-humaine, mi-caprine, ainsi que l'épaisse toison couvrant les jambes. Le dieu porte en guise de vêtement une peau de chèvre nouée autour du cou mais il l'a enroulée autour de son bras gauche et s'en sert comme d'un bouclier pour se défendre contre une deuxième amazone cavalière surgissant de la droite. Entre Pan et

8. Voir ci-dessous, p. 72.

9. On notera que plusieurs monnaies frappées à Aphrodisias sous Marc Aurèle et Lucius Vérus font clairement allusion à la victoire impériale sur les Parthes : D. MacDonald, *The Coinage of Aphrodisias*, Londres, 1992, p. 83 sq., type 60.

10. A propos d'un relief du Sébasteion, R. R. R. Smith a récemment insisté sur l'importance du contexte local dans la diffusion, l'utilisation et l'adaptation des motifs iconographiques : « Herakles and Antaios at Aphrodisias in Caria », dans *Periplous. Papers on Classical Art and Archaeology presented to Sir John Boardman*, G. R. Tsetskhladze, A. J. N. W. Prag et A. M. Snodgrass éd., Londres, 2000, p. 298-308, en part. 306 sq.

l'amazone, on remarque sur le sol la présence d'un objet de forme cylindrique.

Si l'identification des personnages s'impose, leur association dans cette scène est moins évidente. Les rares monuments qui figurent les amazones en compagnie de Dionysos les montrent plutôt aux côtés du dieu, et non pas opposées à lui. Ainsi, quelques sarcophages romains introduisent les amazones parmi les alliés de Dionysos dans son combat contre les Indiens [11] ou encore dans le cortège triomphal qui accompagne le dieu après sa victoire [12], conformément à la version transmise par certains auteurs antiques [13]. D'autres sources cependant nous apprennent qu'avant d'enrôler les Amazones dans son cortège, Dionysos avait dû les soumettre ; or, les mêmes textes apportent une précision importante : le dieu, vainqueur, épargna celles des Amazones qui avaient trouvé refuge dans le sanctuaire d'Artémis à Éphèse. Voici ce que raconte Pausanias à propos de la fondation de l'Artémision :

> « En tout cas, Pindare, me semble-t-il, n'a pas obtenu d'information complète sur la déesse, puisqu'il prétendait que ce sanctuaire, c'était des amazones qui l'avaient fondé lors de leur campagne contre Athènes et Thésée. Ces femmes, venues du Thermôdon, offrirent un sacrifice aussi à cette époque à la déesse d'Éphèse, puisqu'en vérité elles connaissaient le sanctuaire de longue date, pour y être venues en suppliantes, lorsqu'elles échappèrent à Héraclès et aussi à Dionysos, en des temps encore plus reculés [14]. »

Toujours à propos du sanctuaire d'Artémis à Éphèse, Tacite livre une version latine de la même histoire :

> « Liber Pater, à l'issue d'une guerre victorieuse, avait pardonné à celles des amazones qui s'étaient assises sur l'autel en suppliantes [15]. »

C'est donc bien à la notion d'inviolabilité du sanctuaire, l'asylie, qu'il est fait référence dans ces deux témoignages, asylie qui

---

11. Cortone, Mus. Vescovile (vers 160 ap. J.-C.) : F. Matz, *Die dionysischen Sarkophage* IV, 3, Berlin, 1969, p. 426 sqq., n° 237, pl. 258 (qui interprète l'adversaire de l'amazone comme un satyre : j'y vois plutôt un Indien, semblable à celui qu'affronte Dionysos dans la partie gauche) ; *LIMC* I (1981) *s. v.* « Amazones » 250.

12. Louvre, Ma 1040 (vers 285-290 ap. J.-C.) : *LIMC* I (1981) *s. v.* « Amazones » 252* ; F. Baratte, C. Metzger, *Musée du Louvre. Catalogue des sarcophages en pierre d'époques romaine et paléochrétienne*, Paris, 1985, p. 130-133, n° 61.

13. Diodore de Sicile, III, 71, 3 et 74, 2 ; Polyen, I, 1, 3.

14. Pausanias, VII, 2, 4 (trad. Y. Lafond, C.U.F., Paris, 2000).

15. Tacite, *Annales* III, 61, 2 (la traduction de ce passage et des autres citations de Tacite est empruntée à P. Wuilleumier, C.U.F., Paris, 1978).

explique et justifie la protection accordée au suppliant[16]. Poursuivies par Dionysos, les Amazones se réfugient dans le sanctuaire d'Artémis ; là, s'asseyant sur l'autel de la déesse, elles acquièrent le statut de suppliantes. Dès lors elles sont protégées par la loi divine et Dionysos leur accorde sa grâce.

Or, le mythe reflète ici une réalité historique : le prestige de l'Artémision d'Éphèse reposait pour une grande part sur sa qualité de lieu d'asile ; en effet, si en des temps anciens tout sanctuaire avait, en tant que lieu sacré, le statut d'asylie, ce droit fut par la suite réglementé et restreint à certains sanctuaires plus renommés que d'autres, au premier rang desquels celui d'Éphèse[17]. Les amazones qui dans un lointain passé avaient trouvé refuge dans l'Artémision étaient donc aux yeux des Éphésiens les meilleures garantes de l'ancienneté de ce privilège. Comme l'a récemment souligné T. Hölscher, plusieurs monuments, à Éphèse, peuvent être mis en relation avec le thème de l'asylie des amazones[18]. Ainsi, le célèbre groupe des amazones blessées pourrait avoir été commandité, non par des puissances extérieures, mais par les Éphésiens eux-mêmes pour symboliser la protection sacrée assurée par leur sanctuaire. Parmi les autres documents mentionnés, une frise décorative du IVe siècle ap. J.-C., réutilisée dans une réfection du « temple d'Hadrien », atteste la vigueur de ce thème jusque dans l'antiquité tardive[19].

Deux des reliefs qui composent cette frise et qui se rapportent tous au passé légendaire d'Éphèse retiendront plus particulièrement notre attention[20]. Le premier (fig. 2) montre un empereur romain, couronné par une Victoire, en train d'accomplir un sacrifice en présence de divers personnages mythologiques : de gauche à droite, probablement Thésée, appuyé sur une lance, puis Héraclès, muni de la massue et de la *léontè*, et trois amazones qui s'enfuient devant lui et se dirigent vers une quatrième agenouillée à l'ex-

---

16. Sur l'asylie des sanctuaires et sur les liens entre l'asylie et le rite de l'*hiketeia* : U. Sinn, « Greek sanctuaries as places of refuge », dans *Greek sanctuaries. New approaches*, N. Marinatos et R. Hägg éd., Londres, 1993, p. 88-109.

17. Sur cette évolution : R. W. M. Schumacher, « Three related sanctuaries of Poseidon », dans *Greek sanctuaries. New approaches*, *op. cit.* (n. 16), p. 70.

18. T. Hölscher, « Die Amazonen von Ephesos : ein Monument der Selbstbehauptung », dans *Ἀγαθὸς δαίμων. Mythes et cultes, études d'iconographie en l'honneur de Lilly Kahil* (*Bulletin de Correspondance hellénique*, Suppl. 38), 2000, p. 205-217, en part. 210 sq.

19. R. Fleischer, « Der Fries des Hadrianstempels in Ephesos », dans *Festchrift für Fritz Eichler* (*Jahreshefte des österreichischen archäologischen Institutes in Wien*, Beiheft 1), 1967, p. 23-71 ; *LIMC* I (1981) *s. v.* « Amazones » 249.

20. Il s'agit des blocs B et C : R. Fleischer, *art. cit.* (n. 19), p. 28-31 et 37-44.

trémité du relief. Sur le deuxième panneau (fig. 3) Dionysos, armé de son thyrse et soutenu par un satyre, occupe le centre de la composition ; derrière ses jambes une panthère bondit vers la gauche tandis qu'à droite on reconnaît Pan, lui aussi armé, que suivent un éléphant chevauché par un jeune satyre puis une ménade. Dans la partie gauche on retrouve, comme sur le premier relief mais figuré en miroir, le groupe des trois amazones qui s'éloignent à vive allure, rejoignant leur quatrième compagne agenouillée à l'extrémité. Ces deux reliefs n'étaient pas jointifs, mais encadraient un élément central aujourd'hui disparu : le motif des deux amazones agenouillées symétriquement laisse penser qu'il devait s'agir de la statue d'Artémis *Ephesia*, la statue de culte étant, tout comme l'autel, le lieu privilégié de la supplication [21]. Faisant singulièrement écho à l'histoire relatée par Pausanias, ces deux reliefs s'organisent donc autour du thème central de l'asylie des Amazones, poursuivies une première fois par Dionysos, une deuxième fois par Héraclès.

Une confrontation s'impose entre ce document tardif et le relief d'Aphrodisias où l'on retrouve, dans une composition plus synthétique, les mêmes principaux protagonistes : d'une part les amazones, de l'autre Dionysos armé et accompagné, comme sur la frise d'Éphèse, par sa panthère bondissante et par un Pan combatif. Certes, les amazones ne sont pas figurées ici en suppliantes ; mais un détail sur lequel j'ai attiré plus haut l'attention me paraît déterminant pour l'interprétation : il s'agit de l'objet que l'on voit figuré sur le sol entre Pan et l'amazone de droite. Cet objet est constitué d'une partie cylindrique, à paroi lisse, reposant sur une base peu élevée, profilée en quart de rond : ce sont là les éléments caractéristiques d'un autel, un autel de dimensions modestes, semblable à une *arula*, comme on en voit souvent dans les scènes de culte dionysiaque figurées sur les sarcophages d'époque impériale [22]. Placé de façon significative entre Pan et l'amazone, cet autel fait sans aucun doute allusion à l'asylie dont bénéficient les amazones. Si le sculpteur n'a pas figuré l'épisode de façon plus explicite, en montrant par exemple les amazones en suppliantes comme sur la frise d'Éphèse, c'est qu'il devait se soumettre à certaines contraintes iconographiques. L'amazonomachie d'Aphrodisias n'est pas, en effet, conçue comme une frise narrative, mais comme une succession de

21. Sur le rôle de la statue de culte dans le rite de la supplication : T. S. Scheer, *Die Gottheit und ihr Bild*, Munich, 2000, p. 75 sqq.

22. Un autel analogue est, par exemple, figuré à l'extrémité droite du sarcophage du Louvre, Ma 408 (F. Baratte, C. Metzger, *op. cit.* [n. 12], p. 137, n° 66) ; la ressemblance est d'autant plus frappante que Pan se tient debout derrière l'autel.

FIG. 2. — Relief du « temple d'Hadrien » à Éphèse : les amazones en fuite devant Héraclès. Photo LIMC-Paris.

FIG. 3. — Relief du « temple d'Hadrien » à Éphèse : les amazones en fuite devant Dionysos.
Photo LIMC-Paris.

panneaux individuels composés selon un canevas unitaire dont le principe est d'opposer des amazones cavalières à divers adversaires — Achille, Héraclès, des Grecs anonymes ou encore Dionysos. Les protagonistes sont donc impérativement figurés dans l'ardeur du combat ; mais ici le combat est comme suspendu, les amazones ne sont ni vaincues ni mourantes comme sur les reliefs voisins, car elles bénéficient de l'asile sacré, symbolisé par l'autel.

Toutefois, si un sujet aussi rare s'explique fort bien à Éphèse, on peut légitimement se demander pour quelle raison les Aphrodisiens ont décidé de l'introduire dans leur programme iconographique et ne se sont pas contentés d'épisodes plus traditionnels. On pourrait voir dans ce choix une volonté d'affirmer des liens privilégiés avec Éphèse [23]. Mais le texte de Tacite mentionné plus haut permet d'entrevoir une autre explication.

Précisons tout d'abord dans quel contexte l'historien évoque l'histoire des amazones poursuivies par Dionysos. Nous sommes en 22 ap. J.-C., sous le principat de Tibère : « dans les villes grecques, écrit Tacite, se répandaient la licence et l'impunité d'instituer des lieux d'asile ; les temples se remplissaient des pires esclaves ; le même refuge servait aussi de réceptacle aux débiteurs contre leurs créanciers et aux suspects de crimes capitaux. » L'empereur, poursuit l'historien, ordonna alors une enquête générale sur les *asyles* des temples de la province d'Asie et les cités concernées furent invitées à envoyer à Rome des députés afin de faire valoir les titres sur lesquels reposaient leur droit d'asylie. Les cités rivalisèrent alors d'ingéniosité pour mettre en valeur le passé prestigieux de leur sanctuaire. Les premiers à se présenter devant le sénat romain, selon le témoignage de Tacite, furent les Éphésiens : ils rappelèrent que déjà Léto avait profité de l'inviolabilité du site pour y mettre au monde ses deux enfants, Artémis et Apollon ; qu'Apollon, à son tour, avait bénéficié de l'asylie lorsque, après le meurtre des Cyclopes, il avait trouvé à Éphèse un abri contre la colère de Zeus ; et qu'enfin Dionysos avait épargné les Amazones qui, pendant leur fuite, s'étaient réfugiées sur l'autel d'Artémis. L'épisode des Amazones est donc évoqué par les Éphésiens au même titre que d'autres légendes locales pour montrer que l'Artémision était lieu d'asile depuis des temps immémoriaux.

23. Des monnaies d'*homonoia* entre Éphèse et Aphrodisias, frappées sous Septime Sévère et Caracalla, montrent que les deux cités vivaient en bonne entente : D. MacDonald, *op. cit.* (n. 9), p. 100 sq., types 108-109.

Éphèse n'était pas, tant s'en faut, la seule cité concernée par l'enquête ordonnée par Tibère. Or, toujours selon Tacite, immédiatement après les envoyés d'Éphèse se présentèrent ceux de Magnésie du Méandre et, « après cela, les délégués d'Aphrodisias et de Stratonice apportèrent un décret du dictateur César, en reconnaissance des services rendus de longue date à son parti, et un autre, récent, du divin Auguste, où ils étaient loués d'avoir supporté une invasion des Parthes sans avoir en rien changé leur fidélité à l'égard du peuple romain ; la cité d'Aphrodisias soutenait le culte de Vénus, celle de Stratonice le culte de Jupiter et de Trivia ».

Vinrent, après les envoyés d'Aphrodisias et de Stratonicée, ceux de Hiérocésarée, Pergame, Smyrne, Tinos, Sardes, Milet, et, ajoute Tacite, d'autres encore. L'historien ne dit pas expressément lesquelles de ces cités furent finalement confirmées dans leur privilège par le Sénat romain, mais son témoignage pose clairement le problème du statut de l'asylie dans les sanctuaires grecs d'Asie Mineure au temps de la domination romaine[24]. Si les cités mettent un tel empressement à défendre le privilège de leur sanctuaire, c'est que l'enjeu est important. Ce qu'elles apprécient n'est certainement pas le fait de pouvoir offrir un refuge sûr aux criminels, aux débiteurs insolvables ou aux esclaves rebelles, car on ne voit pas très bien quel avantage les cités auraient tiré de ce privilège douteux auquel fait allusion Tacite. Il est évident que l'intérêt se situe ailleurs : le fait que l'asylie ne soit reconnue qu'à certains sanctuaires rehausse bien évidemment le prestige des cités qui les abritent. A ces considérations s'ajoutent probablement aussi des avantages économiques : si un certain nombre de grands sanctuaires, à des dates variables, et en particulier à l'époque hellénistique, se sont fait connaître comme lieux d'asylie, c'est souvent en liaison avec l'organisation de festivals ou de concours sacrés, manifestations qui attirent du monde, procurent donc des profits aux commerçants et artisans locaux tout en faisant rayonner au loin le prestige de la cité ; à partir du moment où un sanctuaire n'est plus reconnu officiellement comme lieu d'asylie, il n'est plus en mesure de garantir aux visiteurs étrangers une protection contre le droit de saisie ou de représailles, et dès lors festivals et concours rede-

24. Sur ce sujet : G. G. Belloni, « "Asylia" e santuari greci dell'Asia Minore al tempo di Tiberio », dans *I santuari e la guerra nel mondo classico*, M. Sordi éd., Milan, 1984, p. 164-180 ; K. J. Rigsby, *Asylia : territorial inviolability in the Hellenistic world*, Berkeley, 1996, p. 580-586.

viennent une affaire purement locale [25]. Enfin, il est probable que l'asylie représentait, pour les cités grecques d'Asie Mineure, un dernier vestige d'autonomie face au pouvoir central romain : d'où la nécessité de préserver ce privilège, d'où aussi la volonté de l'afficher, de le proclamer haut et fort.

Le cas d'Aphrodisias est, à cet égard, particulièrement révélateur [26]. Le premier document officiel qui nous renseigne sur l'asylie du sanctuaire d'Aphrodite est le *senatus consultum de Aphrodisiensibus* de 39 av. J.-C., qui se situe dans le contexte de la période de grand trouble qui suivit l'assassinat de Jules César [27]. Au printemps 40, un partisan de Brutus et Cassius, Q. Labienus, envahit l'Asie Mineure par l'est avec l'aide de l'armée parthe et parvient jusqu'en Carie. Plusieurs cités succombent, d'autres parviennent à résister : c'est le cas de Stratonicée et d'Aphrodisias. La récompense est immédiate : pour sa fidélité à Rome, Aphrodisias se voit accorder un certain nombre de privilèges, parmi lesquels la liberté (*eleutheria*), l'exonération d'impôts (*ateleia*) et l'asylie pour son sanctuaire d'Aphrodite [28]. Le sénatus-consulte précise en outre l'étendue de l'*asyle*, à savoir « 120 pieds autour du *hieron* ou *temenos*, dans toutes les directions » (l. 57-58). On a d'ailleurs retrouvé sur le site des fragments de bornes inscrites, ou *horoi*, qui furent vraisemblablement érigées peu de temps après la promulgation de ce sénatus-consulte afin de marquer le périmètre jouissant du droit d'asylie [29] ; comme l'indiquent les inscriptions, ces bornes

25. Ph. Gauthier, *Symbola : les étrangers et la justice dans les cités grecques*, Nancy, 1972, p. 227 sq.

26. Sur l'asylie du sanctuaire d'Aphrodite à Aphrodisias : K. J. Rigsby, *op. cit.* (n. 24), p. 428-432, qui mentionne les principales sources.

27. J. Reynolds, *Aphrodisias and Rome*, Londres, 1982, doc. 8., l. 55-58 ; Ead., « Inscriptions and the building of the Temple of Aphrodite », dans *Aphrodisias Papers*, Ch. Roueché et K. T. Erim éd. (*Journal of Roman Archaeology*, Suppl. 1), 1990, p. 82.

28. En fait, certaines sources — le sénatus-consulte (l. 37) et le témoignage de Tacite — laissent entrevoir que déjà César avait reconnu au sanctuaire d'Aphrodite le privilège de l'asylie, qui aurait ensuite été confirmé en 39 par le Sénat : voir, à ce sujet, J. Reynolds, *op. cit.* (n. 27), p. 79 sq.

29. R. R. R. Smith, *Aphrodisias I. The Monument of C. Julius Zoilos*, Mayence, 1993, p. 12, T 5. Comme l'a fait remarquer J. Reynolds, *art. cit.* (n. 27), p. 82, on ne sait pas vraiment où courait la ligne de démarcation indiquée par les bornes (qui étaient au moins au nombre de quatre), ni si cette ligne était matérialisée ; J. Reynolds suggère la présence d'un muret, mais on peut aussi songer à de simples cordes qui auraient été tendues entre les bornes : ainsi, une inscription de la première moitié du IIIe siècle av. J.-C. concernant l'asylie du sanctuaire d'Asclépios à Cos précise que les bornes étaient reliées entre elles par des cordes (F. Sokolowski, *Lois sacrées des cités grecques*, Paris, 1969, n° 158).

furent élevées par C. Julius Zoilos, prêtre d'Aphrodite et personnage éminent de la cité qui joua probablement un rôle non négligeable dans l'octroi de ces nouveaux privilèges [30].

Le texte du sénatus-consulte apporte une autre précision importante : à deux reprises il y est dit que « le *hieron* ou *temenos* d'Aphrodite à Aphrodisias doit être *asylon* avec les mêmes droits et le même caractère sacré (*deisidaimonia*) que le *temenos* d'Artémis *Ephesia* à Éphèse » (l. 40-41 et 55-57). Voici donc établie, par un texte officiel et dès le Ier siècle av. notre ère, une équivalence entre l'asylie dont bénéficiaient les deux grands sanctuaires.

Fiers de ce privilège, les Aphrodisiens ne cesseront de s'y référer au cours des siècles suivants. Le témoignage de Tacite montre implicitement qu'ils produisent ce document devant le sénat romain pour justifier le droit d'asylie de leur sanctuaire au temps de Tibère. Plus tard, ils vont en faire recopier le texte sur un mur du bâtiment de scène du théâtre. Sur une hauteur de 5 m et une longueur de 15 m, le célèbre « mur des archives » est couvert d'une impressionnante série d'inscriptions gravées dans le courant des IIe et IIIe siècles, qui reproduisent le texte de documents jugés essentiels pour l'histoire de la cité [31] : y figure en bonne place le texte du sénatus-consulte qui conférait au sanctuaire le privilège de l'asylie [32]. Vers la fin du IIe ou le début du IIIe siècle, les « néopes chrysophores de la très sainte déesse Aphrodite » élèvent la statue d'un néocore παρὰ τῇ ἀσύλῳ θεᾷ [33] — l'épithète *asylos* s'appliquant ici, non pas au sanctuaire, mais à la déesse elle-même [34]. Au IIIe siècle enfin, le droit d'asylie du sanctuaire d'Aphrodite est mentionné dans une inscription rédigée cette fois-ci par un particulier et donnant une titulature très complète de la cité [35]. Tous ces documents montrent donc bien l'importance accordée par les Aphrodisiens à ce privilège dont ils ont soigneusement entretenu la publicité — parfois même à titre privé — pendant plus de trois siècles.

30. Sur la carrière de Zoilos, voir R. R. R. Smith, *op. cit.* (n. 29), p. 4-10.

31. J. Reynolds, *op. cit.* (n. 27), p. 33-37.

32. Ead., *ibid.*, doc. 8.

33. L'inscription est brièvement publiée par L. Robert, *Études anatoliennes*, Paris, 1937, p. 299, n. 2 ; voir aussi J. Reynolds, *op. cit.* (n. 27), p. 168.

34. D'autres cas de transfert du titre du sanctuaire à la divinité sont mentionnés par L. Robert, *Documents d'Asie Mineure*, Paris, 1987, p. 252.

35. J. Reynolds, *op. cit.* (n. 27), doc. 43, souligne que le mot *asylos*, ajouté en cours de gravure (et non pas postérieurement), est mis en valeur, bien qu'il soit écrit en caractères plus petits, par sa position centrée. On notera que le titre est ici appliqué à la *polis*, et non pas au sanctuaire, ce qui est une pratique courante sur les monnaies d'époque impériale (K. J. Rigsby, *op. cit.* [n. 24], p. 36).

Il est fort probable que la scène sculptée sur notre relief à l'époque antonine relève du même souci de propagande. L'art figuré était en effet, au même titre que les pierres inscrites et les monnaies [36], un moyen d'afficher les privilèges dont jouissait la cité. Dans le cas précis de l'asylie, l'ancienneté du privilège — on l'a vu lors de sa remise en cause sous Tibère — était une garantie de sa pérennité. Mais pour les villes de fondation assez récente comme Aphrodisias il était difficile de rivaliser en ancienneté avec les vieilles cités de la côte d'Asie. C'était donc le rôle des mythographes et artistes locaux de puiser dans le vieux fonds des légendes grecques pour donner cette illusion d'ancienneté [37] ; à Aphrodisias même, les reliefs de la basilique, qui mettent en scène les fondateurs mythiques de la cité, montrent que ces préoccupations sont encore très vives à la fin du IIIe siècle de notre ère [38]. Dans cette quête d'un prestigieux passé mythique, on a même vu, comme le souligne M. Sartre, plus d'une cité notoirement récente s'approprier les traditions légendaires de cités plus anciennes [39]. On ne doit donc pas s'étonner que, forts de l'analogie officiellement établie par les textes entre l'asylie du sanctuaire d'Aphrodite et celle du sanctuaire d'Artémis à Éphèse, les Aphrodisiens n'aient pas hésité à reprendre à leur compte le thème de l'asylie des amazones [40] ; et ce, d'autant plus aisément que les amazones appartenaient en quelque sorte au patrimoine historico-légendaire de toutes les cités grecques d'Asie Mineure.

En conclusion, on se gardera bien de voir une quelconque fantaisie exotique dans cette représentation qui témoigne plutôt d'une volonté de revendiquer, d'affirmer par le biais d'un épisode mytho-

36. Des monnaies frappées à Aphrodisias sous le règne de Trajan Dèce pourraient faire allusion au droit d'asile du sanctuaire : D. MacDonald, *op. cit.* (n. 9), p. 135, type 204.

37. Voir sur ce sujet : P. Weiss, « Lebendiger Mythos. Gründerheroen und städtische Gründungstraditionen im griechisch-römischen Osten », *Würzburger Jahrbücher für die Altertumswissenschaft* 10, 1984, p. 179-211 ; R. Lindner, *Mythos und Identität. Studien zur Selbstdarstellung kleinasiatischer Städte in der römischen Kaiserzeit*, Stuttgart, 1994.

38. K. T. Erim, *Aphrodisias : A Guide to the Site and its Museum*, Istanbul, 1990, p. 51 sq.

39. M. Sartre, *L'Orient romain*, Paris, 1991, p. 194 ; sur la rivalité entre cités grecques d'Asie Mineure, voir aussi, du même auteur, *L'Asie Mineure et l'Anatolie d'Alexandre à Dioclétien*, Paris, 1995, p. 261-269.

40. L'analogie a pu être facilitée par les ressemblances typologiques entre la statue de culte d'Artémis *Ephesia* et celle de l'Aphrodite d'Aphrodisias. De même, Pergé, qui jouit elle aussi du privilège de l'asylie, n'hésite pas à suggérer une équivalence entre l'Artémis d'Éphèse et l'Artémis de Pergé dans une inscription à sa propre gloire gravée sous l'empereur Tacite (275-276) : M. Sartre, *op. cit.* (n. 39), p. 262.

logique précis l'ancienneté et l'authenticité d'un privilège religieux, source de fierté civique pour les Aphrodisiens. Certaines représentations mythologiques ne peuvent trouver leur véritable éclairage qu'à la lumière d'une meilleure appréciation du contexte cultuel qui les a fait naître. C'est le cas de ce document, qui me semble être un bon exemple de ce qu'un ouvrage comme le *ThesCRA* apportera à la communauté scientifique en permettant une confrontation immédiate entre iconographie, sources écrites et *realia*.

P. Linant de Bellefonds

# LYCHNOUCHOS PLATONIKOS*

*Für Annalis Leibundgut*

Bei einem Besuch im Getty Center im Frühjahr 2001 konnte ich die hier abgebildete Bronze studieren (Abb. 1-6)[1]. Sie war früher in der New Yorker Sammlung von Barbara und Lawrence Fleischman und wird später im neu eröffneten Museum der Getty Villa in Malibu zu sehen sein. Der Kopf des nackten, lebensgroßen Kleinkindes mit feisten Wangen auf kurzem Hals wirkt im Verhältnis zum Körper recht groß, wie es dem frühen Lebensalter entspricht (Abb. 3-5). Der Kleine scheint stolz darauf zu sein, daß er schon auf den Füßen stehen kann. Natürlich steht er nicht « polykletisch » mit Stand- und Spielbein wie die geflügelten Putten des Würzburger Vierjahreszeiten-Altares (Abb. 7)[2]. Deren Köpfe sind im Verhältnis zum Körper kleiner, Rumpf und Beine länger ; und ihre Wangen sind zwar voll, aber nicht feist wie an der Bronze im Getty Center. Sie erscheint in dieser Hinsicht nicht als idealisierter Putto, sondern als wirkliches Kleinkind.

---

* Mehrfach zitierte Schriften sind hier so abgekürzt :

Beschi 2000 : L. Beschi, « L'Idolino di Pesaro e gli altri bronzi del suo contesto archeologico », *Studia Oliveriana*, nuova serie 20, 2000, S. 9-26.

Hermann 1995 : *A Passion for Antiquities*, Ausstellungskatalog der Sammlung B. und L. Fleischman, J. Paul Getty Museum und The Cleveland Museum of Art, 1995, S. 282-284, Nr. 144.

Iozzo 1999 : M. Iozzo éd., « ... *qual era tutto rotto* ». *L'enigma dell' Idolino di Pesaro. Indagini per un restauro*, Ausstellungskatalog Florenz, Museo Archeologico, 1998-1999.

1. Mein Dank gilt Marion True, die auch die Aufnahmen Abb. 1-6 zur Verfügung stellte. Beim Studium der Platanen im Park des Getty Center half mir Tosca Fujita. Wie sehr die früheren Besitzer das Bronzekind schätzten, zeigt die Abbildung mit ihnen im Katalog der Ausstellung : Hermann 1995, S. 2.

2. E. Simon, *Der Vierjahreszeitenaltar in Würzburg*, Stuttgart, 1967 ; Th. Lorenz, *Antike Plastik* 19, Berlin, 1988, zu Taf. 34-43 ; U. Sinn, I. Wehgartner ed., *Begegnungen mit der Antike*, Würzburg, 2001, Nr. 73 (F. Sinn).

ABB. 1. — Bronzestatue eines (ursprünglich geflügelten) Kleinkindes.
Zur Zeit im Getty Center, Los Angeles. Vorderansicht.

ABB. 2. — Bronzestatue Abb. 1. Rückansicht.

ABB. 3. — Kopf der Bronzestatue Abb. 1.

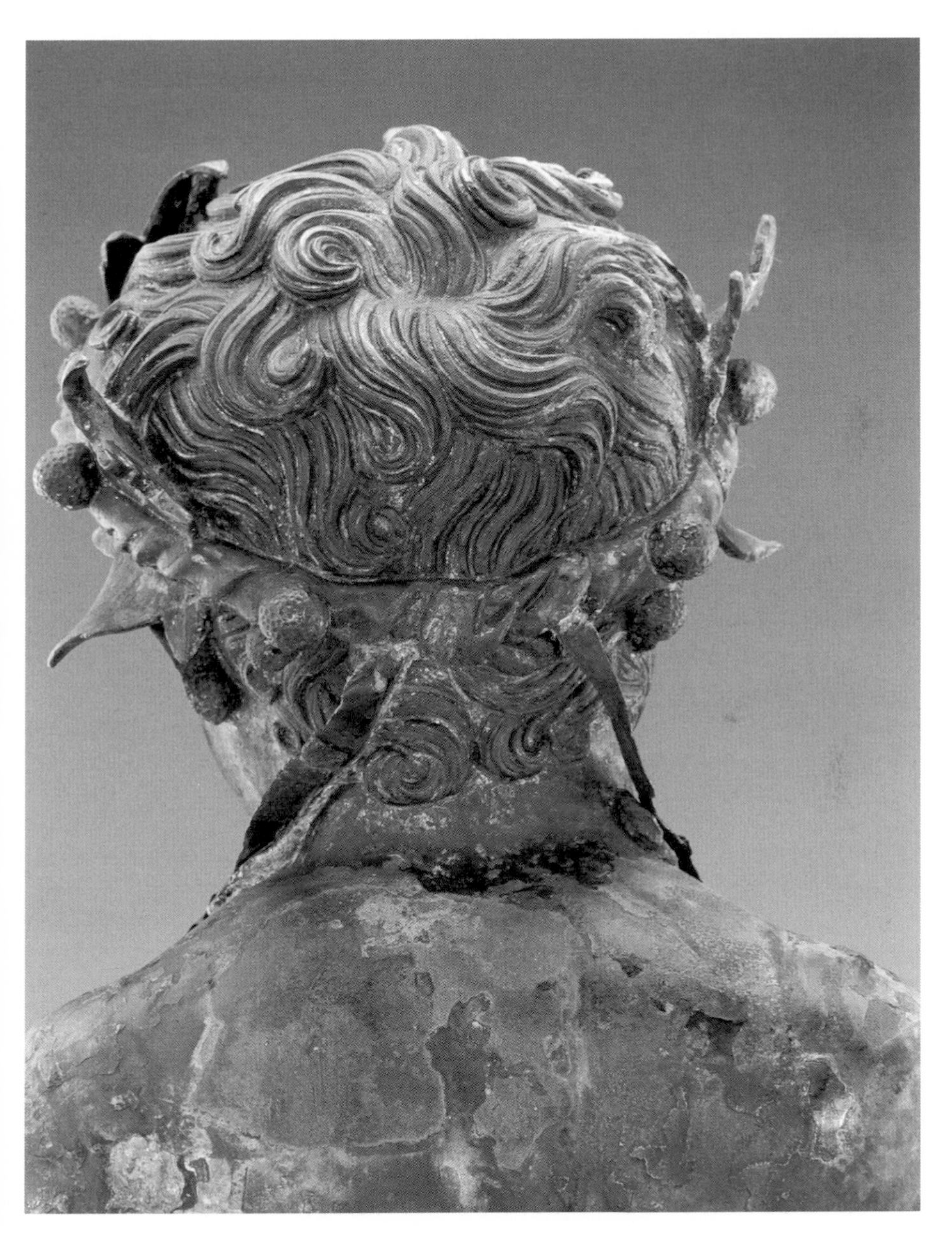

ABB. 4. — Kopf der Bronzestatue Abb. 1.

ABB. 5. — Kopf der Bronzestatue Abb. 1.

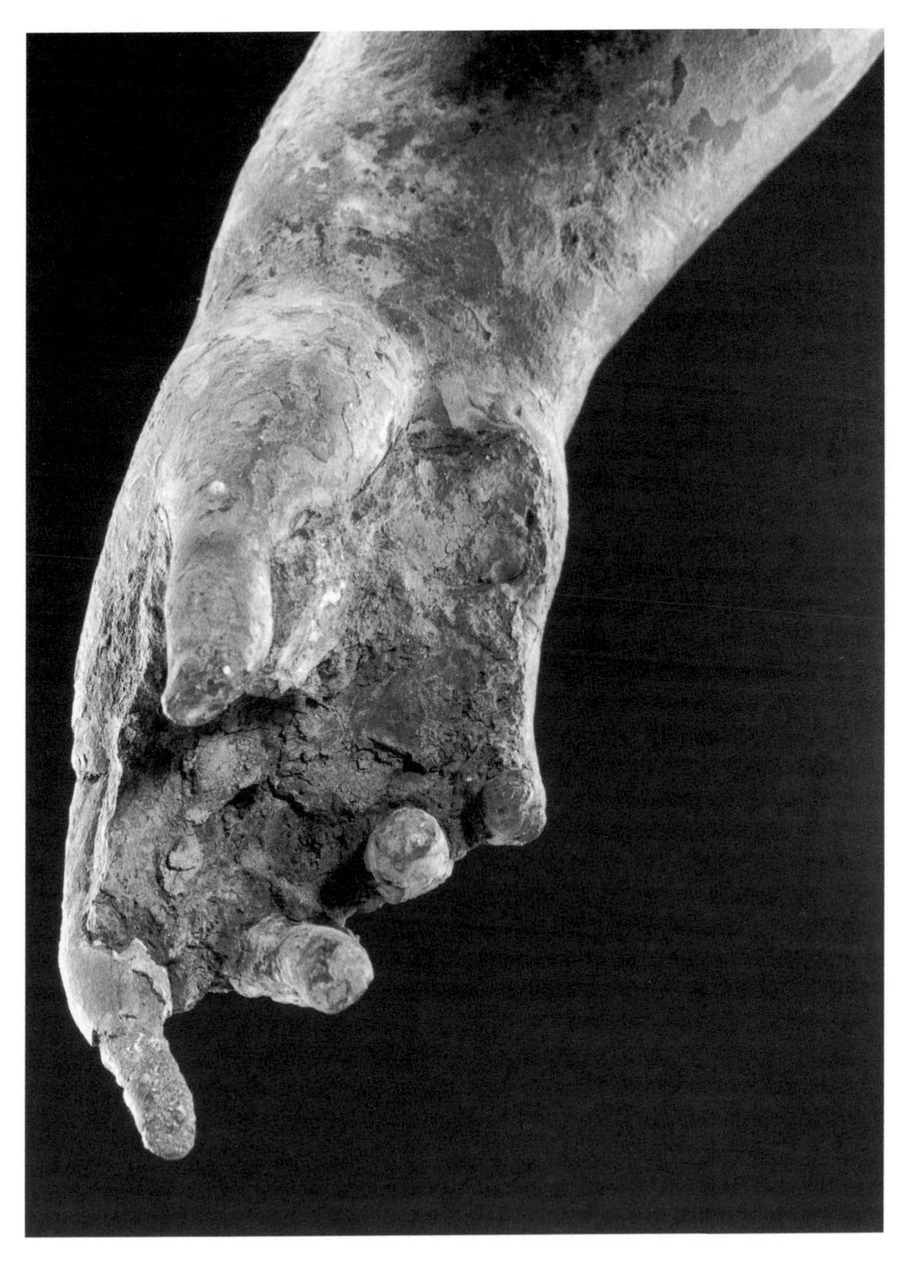

ABB. 6. — Rechte Hand der Bronzestatue Abb. 1.

ABB. 7. — Putto vom marmornen Rundaltar. Martin-von-Wagner Museum der Universität Würzburg.

Doch halt — es ist noch nicht alles beschrieben. Am Rücken, an den Schulterblättern, sind Reste von Flügeln zu erkennen (Abb. 1. 4. 5)[3]. Das Kind war also geflügelt wie die Putten des marmornen Würzburger Rundaltares (Abb. 7). Die Schwingen der Bronze mögen kleiner gewesen sein als dort, aber sie machten den Kleinen trotz seiner realen Züge zu einem Idealwesen. Die Flügelspitzen dürften in Vorderansicht (Abb. 2) schräg hinter den Schultern erschienen sein. Wegen der noch unsicheren Beinchen dienten die Schwingen für das Auge auch zum Halten des Gleichgewichts, denn die Arme waren mit etwas anderen beschäftigt. Das Kind trug in der Rechten (Abb. 6) wie in der Linken heute verlorene Gegenstände, seine Handflächen zeigen Vorrichtungen dazu. Darin sind die Würzburger Marmorputten mit ihren in beiden Händen gehaltenen Attributen vergleichbar (Abb. 7). Was das Bronzekind trug, wird uns später beschäftigen. Dadurch, daß die von ihm gehaltenen Dinge und die Flügel jetzt verloren sind, wirkt es « realer » als es konzipiert war.

Wann ist das Werk entstanden? Die Putten des verglichenen Rundaltares lassen sich in claudische Zeit datieren, wohl kurz vor der Mitte des 1. Jahrhunderts n. Chr. Für die Bronze wird bisher etwa die gleiche Zeit angenommen. Man verwies auf Bronzestatuen aus Häusern der Vesuvstädte[4]. Dort findet sich aber nichts im Stil Vergleichbares. Jene Bronzen sind klassizistisch wie die Figuren des Würzburger Altares (Abb. 7). Putten mit den Proportionen der Bronze im Getty Center tauchen nicht im 1., sondern im 2. Jahrhundert n. Chr. auf. So haben die Amores im Fries des 113 n. Chr. durch Trajan neu geweihten Tempels der Venus Genetrix auf dem Caesarforum kurze Beine und große Köpfe[5], sind also Kleinkinder wie die Bronze. Auf hadrianisch-antoninischen Reliefs finden sich bald klassizistische, bald realistische Flügelkinder[6]. Weiter : die spezielle Bildung der Augenpartie an der Bronze im Getty Center, die scharfen Brauenbögen, sind im 1. Jahrhundert in dieser Form nicht nachzuweisen, wohl aber in der Idealplastik der mittleren Kaiserzeit. Erwähnt sei etwa ein Eros-Hypnos genanntes schwebendes

3. Hermann 1995 beschreibt diese Ansätze nicht. Sie hält das Kind, allerdings mit einem Fragezeichen, für den kleinen Dionysos.

4. Zu pompejanischen Bronzen vgl. unten Anm. 26 und 33.

5. E. Nash, *Bildlexikon zur Topographie des antiken Rom* I, Tübingen, 1961, S. 425, *s. v.* « Forum Iulium », Abb. 521 ; W. Helbig, *Führer durch die öffentlichen Sammlungen klassischer Altertümer in Rom*[4] II, Tübingen, 1966, Nr. 1672 (E. Simon).

6. Vgl. das reiche Material in *LIMC* III, 1986, S. 952-1049, *s. v.* « Amor, Cupido » (N. Blanc, F. Gury) und K. Schauenburg im *Corpus der Sarkophagreliefs* V 2, Faszikel 3, Berlin, 1995.

Bronzekind im Museo Oliveriano in Pesaro, das in dem gleichen Patrizierhaus wie der Idolino zutage kam (Abb. 8)[7]. Luigi Beschi, der sich um die Erforschung des Idolino große Verdienste erworben hat, datiert diesen augusteisch, den erwähnten Eros-Hypnos jedoch nach seinem Stil überzeugend in die antoninische Zeit. Er weist speziell auf die Bildung der kurzen, kräftigen Locken hin, die ebenfalls nicht für die frühe Kaiserzeit sprechen. Sie kehren an der Bronze im Getty Center sehr ähnlich wieder und erinnern an das mit dem laufenden Bohrer hergestellte Haar an Marmorköpfen antoninischer Zeit. Damals, um die Mitte oder im dritten Viertel des 2. Jahrhunderts n. Chr., dürfte die Bronze im Getty Center entstanden sein.

Auf dem typisch antoninischen Lockenhaar sitzt ein singulärer Kranz, dessen nähere Betrachtung lohnt (Abb. 3-5). Er besteht aus großen, gezackten Blättern und kleinen, kugeligen Früchten mit rauher Oberfläche sowie aus einem Band, das sich eng um ein Strophion schlingt. Die beiden Enden der Tänie fallen vom Nacken her auf die Brust (links etwas beschädigt). Dieser Laubschmuck läßt den Kopf noch größer erscheinen. Ariel Hermann dachte an ein dionysisches Attribut, an unreife Trauben in einem Rebenkranz[8]. Aber die Früchte, die einzeln, zu zweien oder zu dreien aus dem Strophion kommen, sind rauh und nicht glatt wie Weinbeeren.

Ein Spaziergang in der großartigen Gartenanlage des Getty Center brachte die Lösung. Das Kind trägt einen Platanenkranz. Früchte von Platanen, die dort angepflanzt sind, gleichen ganz den Kugeln, die aus dem Strophion des Kleinen kommen. Auch die Blätter stimmen überein, doch ging die Deutung zunächst von den Früchten aus. Sie stehen häufig zu zweien, aber auch allein oder zu dreien wie an dem Kranz der Bronze. Da mein Besuch in den März fiel, handelte es sich um die Fruchtstände des Vorjahres, die noch nicht abgefallen waren. Im späteren Frühling haben die Platanen dann Blüten. Diese gleichen in Form und Oberfläche den Früchten, sind aber kleiner, weshalb es sich bei den größeren Kugeln des Bronzekranzes um Platanenfrüchte handelt. — Kränze gab es bekanntlich in der Antike in vielen Bereichen[9]. Verschiedene Blätter, Zweige, Blüten und Früchte dienten dazu. Man verwendete sowohl Efeuranken, die sich um den Kopf schmiegen, als auch

---

7. Beschi 2000, S. 19-22, Abb. 11 (= hier Abb. 8). Zum Motiv : A. Leibundgut, *Die römischen Bronzen der Schweiz* III, Mainz, 1980, S. 33-34, Nr. 26, Taf. 32.

8. Hermann 1995, S. 282-284 ; vgl. oben Anm. 3.

9. M. Blech, *Studien zum Kranz bei den Griechen*, Religionsgeschichtliche Versuche und Vorarbeiten 38, Berlin,1982.

ABB. 8. — Schwebendes Bronzekind (wohl Eros-Hypnos) aus dem gleichen Haus wie der Idolino (vgl. Abb. 9.). Pesaro, Museo Oliveriano.

starre Zweige wie Lorbeer. Die letzteren konnten mit einem Strophion verbunden werden, einem elastischen Reifen, um den sich wie hier eine Tänie schlingen konnte.

Platanenkränze sind bisher nicht nachgewiesen, so beliebt der stattliche Baum als Schattenspender in der Antike war[10]. Im Gegensatz zur Ulme diente er nicht als Rebenstütze. Horaz spricht daher vom *platanus caelebs*, der unvermählten Platane (*carm.* II, 15, 4). Sie war ein typischer Parkbaum, nicht nur bei den Römern, sondern schon im klassischen Griechenland. Nach dem Sieg über die Perser pflanzte Kimon auf der Athener Agora Platanen, wie Plutarch in dessen Lebensbeschreibung berichtet (Kimon XIII, 7). Er schreibt an der gleichen Stelle, daß Kimon den Ort, an dem später Platon lehren sollte, die Akademie, « aus einem wasserlosen und dürren Stück Land in einen wohlbewässerten Hain mit schattigen Wegen verwandelt » habe. Es waren auch dort Platanen, wie man aus anderen Quellen weiß[11]. So nannte der Staatsmann und Philosoph Seneca In Nachahmung der athenischen Akademie den mit einem Wasserlauf verbundenen Baumbestand in seiner Villa *platanôn*, Platanenhain (*epist. mor.* LV, 6). Ein wichtiges Kapitel über die Platane findet sich in der Naturgeschichte des Plinius (XII, 6-12). Er läßt den Baum vom Heroengrab des Diomedes auf einer Insel in Ionischen Meer nach Italien wandern, schreibt von den großen Platanen in der Akademie und von berühmten Bäumen dieser Art in Lydien und auf Kreta[12].

In der antiken Bildkunst trifft man Platanen-Darstellungen nicht häufig an, jedoch über die gesamte Entwicklung hin. Ein Maler des Exekias-Kreises läßt eine Frau in einem Wald um einen Gefallenen trauern[13]. Zu den Bäumen, die sie in ihrer Einsamkeit umgeben, gehören links zwei Platanen mit den typischen Blättern, die eine auch mit kleinen runden Früchten. Die Waffen des Toten sind die eines Heros. Die Platane als Heroenbaum ist aus der soeben zitierten Pliniusstelle bekannt. Das dort erwähnte Grab des Diomedes lag auf der heute zu Kroatien gehörenden Insel

10. Antike Quellen zur Platane sind gesammelt *in* A. Pauly, G. Wissowa, *Realencyclopädie der classischen Altertumswissenschaft* XX/2, 1950, Sp. 2337-2338, *s. v.* « Platanos » (H. Gossen).

11. Vgl. die vorige Anm. und vor allem den unten zitierten Bericht des Plinius.

12. Zu der kretischen Platane, die nach Plinius ihr Laub nicht verlor, vgl. auch unten Anm. 16.

13. J. D. Beazley, *Attic Black-figure Vase-painters*, Oxford, 1956, S. 140, Nr. 1 : Painter of the Vatican Mourner ; E. Simon, M. u. A. Hirmer, *Die griechischen Vasen*, München, 1981, Taf. 77.

Pelagosa, auf der durch Ausgrabungen neuerdings Diomedeskult festgestellt wurde [14]. Aber auch die Platanen der Akademie waren letztlich Heroenbäume, denn der Ort war nach dem attischen Heros Akademos benannt [15]. Auf Kreta gab es eine berühmte, mit dem Paar Zeus und Europa verbundene Platane, die auf dem Taloskrater in Ruvo dargestellt ist [16]. Auf dem bekannten Münchner Weihrelief steht eine uralte, mit Binden geschmückte Platane [17]. Und eine Szene aus den *origines Romae* vom Fries der Basilica Aemilia auf dem Forum Romanum spielt unter einer Platane, deren Blätter und Früchte deutlich angegeben sind [18].

Die in Antike und Neuzeit bekannteste Nachricht über eine Platane findet sich im platonischen Dialog Phaidros. Sie stand nicht in der Akademie, sondern im Vorort Agrai am Ilisos [19]. Unter ihr spielt der Dialog zwischen Sokrates und dem jungen Athener Phaidros. Die beiden haben sich in der Mittagshitze am Ilisos getroffen, und Phaidros macht Sokrates auf den Baum aufmerksam (229 a) : « Siehst du jene sehr hohe Platane... Dort ist Schatten und leichter Lufthauch, und Rasen zum Sitzen oder, wenn wir wollen, zum Niederlegen. » Die beiden begeben sich, ohne das Gespräch zu unterbrechen, in jene Richtung. An der Platane angekommen ruft Sokrates aus (230 b) : « Bei der Hera! Das ist ein schöner Aufenthalt. Die Krone der Platane ist hoch und breit und spendet schönen Schatten zusammen mit den hohen Hecken, die in voller Blüte stehen, sodaß der Ort ganz mit Duft erfüllt ist. Und unter der Platane fließt die anmutigste Quelle mit sehr kühlem Wasser, das du an den Füßen spürst... Am schönsten aber ist der Rasen am sanften Abhang... Du hast mich vortrefflich geführt, lieber Phaidros ». Die hier verkürzt wiedergegebenen Worte des Sokrates sind die

14. Die Nachricht von den Funden auf der kroatischen Insel Pelagosa verdanke ich G. Colonna (Rom).

15. *LIMC* I, 1981, S. 433-435 *s. v.* « Akademos » (U. Kron).

16. J. D. Beazley, *Attic Red-figure Vase-painters*, Oxford, 1963, S. 1338, Nr. 1 : Talosmaler ; Simon, Hirmer (oben Anm. 13), Taf. 231 ; *LIMC* IV, 1988, S. 89, *s. v.* « Europe I », Nr. 220 (M. Robertson) ; *LIMC* VII, 1994, S. 835, *s. v.* « Talos I », Nr. 4 (J. K. Papadopoulos).

17. D. Ohly, *Glyptothek München*$^5$, München, 1981, Taf. 32 ; D. B. Thompson, *Garden Lore of Ancient Athens. Agora Picture Book* 8, Princeton, 1963, Abb. 14 ; H. Baumann, *Die griechische Pflanzenwelt*, München, 1986, S. 46, Abb. 67.

18. Richtig erkannt von P. Kränzle, *Die zeitliche und ikonographische Stellung des Frieses der Basilica Aemilia*, Hamburg, 1991, 33 f., der auch auf Baumann (vorige Anm.) hinweist.

19. Zur Identifizierung des dortigen Pan-Heiligtums : G. Rodenwaldt, *Mitteilungen des deutschen archäologischen Instituts, Athenische Abteilung* 37,1912, S. 141-150.

berühmteste Landschaftsschilderung in der antiken Literatur[20]. In ihrem Zentrum steht die Platane.

Das Gespräch unter diesem Baum dreht sich im Hauptteil um Eros. Der ungewöhnliche Platanenkranz, den das Bronzekind im Getty Center trägt, verleiht ihm nach meiner Ansicht etwas Platonisches. Der ursprünglich geflügelte Kleine verkörpert als Eros das Thema, um das es im Symposion wie im Phaidros geht. Er erinnert zugleich an den Altar des Eros, der am Eingang zum Platanenhain der Akademie stand[21]. Im platonischen Symposion erklärt Phaidros Eros als den ältesten Gott (178 a-c). Ihm widerspricht dort der Tragödiendichter Agathon, der in Eros den jüngsten und zartesten der Götter sieht (194 e-196 b). Die Proportionen des bronzenen Eros würden dem entsprechen, sie könnten aber auch einem ewig jungen Urgott eigen sein — oder einem Dämon. Denn Kleinheit, die sich in ungeahnte Größe verwandeln kann, begegnet schon in der *Ilias* (IV, 442 f.) als dämonische Eigenschaft[22]. In Platons Symposion übertrifft Sokrates die vorangegangenen Definitionen des Eros, indem er ihn im Anschluß an die Unterhaltung mit Diotima als Dämon bezeichnet (201-208 b). Als dämonisches Wesen läßt sich auch das bronzene Kleinkind im Getty Center verstehen, denn es ist, wie eingangs dargelegt, weit mehr als ein hilfloser Säugling.

Das speziell Platonische, das an dem Eros mit Platanenkranz faßbar wird[23], erklärt sich aus seiner Entstehungszeit. Das 2. Jahrhundert n. Chr. war die Blütezeit des mittleren Platonismus. Sie war vorbereitet durch Autoren wie Plutarch, der bis 119 n. Chr. lebte. Unter den Mittelplatonikern, die lateinisch schrieben, sei Apuleius genannt, unter den griechisch schreibenden der Redner und Popularphilosoph Maximos Tyrios. Von dessen 41 Reden, die erhalten sind und die vor kurzem neu ediert, kommentiert und englisch und deutsch übersetzt wurden[24], bezieht sich ein großer Teil auf den

20. Dazu E. Norden, *Die antike Kunstprosa*, Berlin-Leipzig, 1909, Nachdruck Darmstadt, 1971, I, S. 113.

21. Pausanias, I, 30, 1. Von hier ging der Fackellauf der Panathenäen aus : *Schol.* Platon, *Phaidros* 231 e ; vgl. L. Deubner, *Attische Feste*, 1932, Nachdruck Berlin, 1966, S. 211-212. Da dieser Lauf von Epheben ausgeführt wurde, mag das neben der unten erwähnten Odyssee-Stelle auf das « Lebensalter » der Lychnouchoi eingewirkt haben.

22. Dort ist die Rede von der Dämonin Eris, die anfangs klein ist und später von der Erde bis zum Himmel ragt.

23. Auch etymologisch sind Platon und Platanos verwandt, wie mir mein Kollege G. Neumann (Würzburg) mitteilt.

24. Eine neue Teubner-Ausgabe besorgte M. B. Trapp (Leipzig-Stuttgart, 1994), der auch eine englische Übersetzung lieferte. Vor kurzem erschien eine deutsche Übersetzung von O. Schönberger (Würzburg, 2001).

sokratischen Eros. Dabei ist der Dialog Phaidros sehr häufig zitiert, mehr noch als das platonische Symposion. Maximos Tyrios, der sich auf die allgemeinen Vorstellungen seines Publikums bezog, der Sappho und Sokrates als größte Autoritäten für das Verständnis des Eros herausstellte, wurde in archäologisch-kulturhistorischen Darstellungen jener Zeit bisher kaum beachtet. Er ließe sich für die Interpretation von Werken der antoninischen Epoche, etwa von philosophisch beeinflußten Sarkophagreliefs, mit Erfolg heranziehen. Sokrates, der sich unter einer Platane mit dem jungen Phaidros über Eros unterhält, dürfte im 2. Jahrhundert n. Chr. ausgesprochen populär gewesen sein.

Bleibt die Frage nach dem ursprünglichen Aufstellungsort der Bronze, nach ihrer Funktion. Wie schon erwähnt, hielt der Kleine etwas in beiden Händen. Vom späteren Hellenismus an und vor allem aus der früheren Kaiserzeit finden sich « funktionale » Figuren als Träger von Fackeln, Lampen oder Tabletts als Zimmerschmuck reicher Häuser [25]. Es waren Bronzestatuen, die teilweise versilbert oder vergoldet waren, wie Spuren an pompejanischen Funden zeigen. Sie standen im Gegensatz zu den im Freien aufgestellten Bronzen nicht auf kantigen Steinbasen, sondern auf bronzenen, vorwiegend runden Sockeln, mit denen sie im Haus transportiert werden konnten [26]. Homer beschreibt bereits Lychnouchoi im mythischen Palast des Alkinoos (Odyssee VII, 100 ff.) :

> Goldene Knaben ferner auf schön gefertigten Sockeln
> Standen dort und hielten brennende Fackeln in Händen,
> Um den Schmausenden Nächte hindurch das Haus zu erleuchten.
>
> *(Übersetzung R. Hampe)*

Diese Odyssee-Verse führten wohl dazu, daß es vor allem Statuen von Epheben und Mellepheben waren, die man bei reichen Symposien als Lychnouchoi aufstellte [27]. Im mittleren 1. Jahrhundert v. Chr., als diese Sitte in wohlhabenden Häusern üblich war, schreibt Lukrez kritisch (*de rerum natura* II, 24 f.) [28] : « Bisweilen ist es auch angenehmer... wenn im Haus keine goldenen Jünglingsstatuen in

25. A. Rumpf, « Der Idolino », *La Critica d'Arte* 4, 1939, S. 20 ff. ; E. Simon, *Augustus*, München, 1986, S. 115 f. ; Iozzo 1998, S. 23-28 (L. Beschi).

26. Eine besonders aufwendige Basis — auf vier Löwenfüßen — hat der Lychnouchos aus dem Haus des M. Fabius Rufus : Iozzo 1998, Taf. XIX (farbig).

27. Dazu kommt wohl auch der Einfluß der jungen attischen Fackelläufer (vgl. oben Anm. 21).

28. Übersetzung von J. Martin : Lukrez, *Über die Natur der Dinge*, Berlin, 1972, S. 97.

ihrer Rechten feurige Lampen tragen, um dem nächtlichen Mahl Licht zu spenden, und wenn das Haus nicht von Silber glänzt und von Gold erstrahlt ».

Der berühmteste uns erhaltene Lychnouchos ist der schon in der Renaissance in Pesaro gefundene Idolino in Florenz, der oben kurz erwähnt wurde [29]. In dem reichen römischen Haus, in dem er zutage kam, wurde auch der stilistisch mit unserer Bronze vergleichbare Eros-Hypnos ausgegraben (Abb. 8), ja es gibt sogar eine in das 3. Jahrhundert n. Chr. datierbare Inschrift aus jenem vornehmen Wohnsitz [30]. Der Idolino stand dort also bis in die Spätantike. Er wurde bei seiner Auffindung für Bacchus gehalten, da er Rebenlaub in den Händen hielt. Luigi Beschi hat einen Rest der bronzenen Blätter und Trauben, die er hielt, wieder aufgefunden [31]. In einem Stich von 1738 nach dem Idolino hat er die Anordnung der Rebzweige, die sich aus einer Parallele aus dem Haus des M. Fabius Rufus in Pompeji ergibt [32], zeichnerisch ergänzt (Abb. 9). Ein anderer pompejanischer Lychnouchos, aus dem Haus des P. Cornelius Tegetes an der Via dell' Abbondanza, hält Akanthosranken (Abb. 10) [33]. Der platonische Eros im Getty Center mag Platanenzweige getragen haben, die zu seinem Kranz gepaßt hätten. Seine Arme sind spiegelbildlich zu denen des Efebo von der Via dell' Abbondanza bewegt, der in der gesenkten Linken einen längeren Akanthoszweig trägt als in der angewinkelten Rechten. Das Kind dürfte wohl rechts (Abb. 2. 6) den größeren Kerzen- oder Lampenhalter getragen haben.

Wenn an den Lychnouchoi Kränze dargestellt sind wie bei den bronzenen Epheben aus Volubilis und Antequera [34], so bestehen die pflanzlichen Teile aus Efeublättern und Korymben. Die Kränze jener beiden gut erhaltenen Lychnouchoi betonen die bacchische Seite des Trinkgelages, für das sie leuchteten. Dagegen läßt der Eros

---

29. Vgl. oben Anm. 7 ; Iozzo 1998, S. 23-28 (L. Beschi) ; Beschi 2000.

30. Beschi 2000, S. 23-26, Abb. 15 f.

31. Iozzo 1998, S. 32 f., Taf. VI, Abb. 1-2.

32. Vgl. oben Am. 26. Der ergänzte Stich nach dem Idolino : Iozzo 1998, Taf. VIII (= hier Abb. 9).

33. Er wurde 1925 gefunden. Ihm galt der letzte Aufsatz von W. Amelung, « Bronzener Ephebe aus Pompeji », *Jahrbuch des deutschen archäologischen Instituts* 42, 1927, S. 137-151 ; H. Sichtermann, *in* Th. Kraus ed., *Das römische Weltreich. Propyläen Kunstgeschichte* 2, Berlin, 1967, S. 246, Taf. 261 (= hier Abb. 10) ; Iozzo 1998, S. 36-38, Taf. XVII.

34. Der letztere: A. García y Bellido, « Der bronzene Mellephebe von Antequera », *Antike Plastik* 9, Berlin, 1969, zu Taf. 46-49. Die Statue aus Volubilis *ibidem*, Abb. 1-3 ; M. Riße ed., *Volubilis*. Zaberns Bildbände zur Archäologie, Mainz, 2001, S. 96 f., Abb. 146 a und b (D. Kreikenbom).

**Tav. VIII**

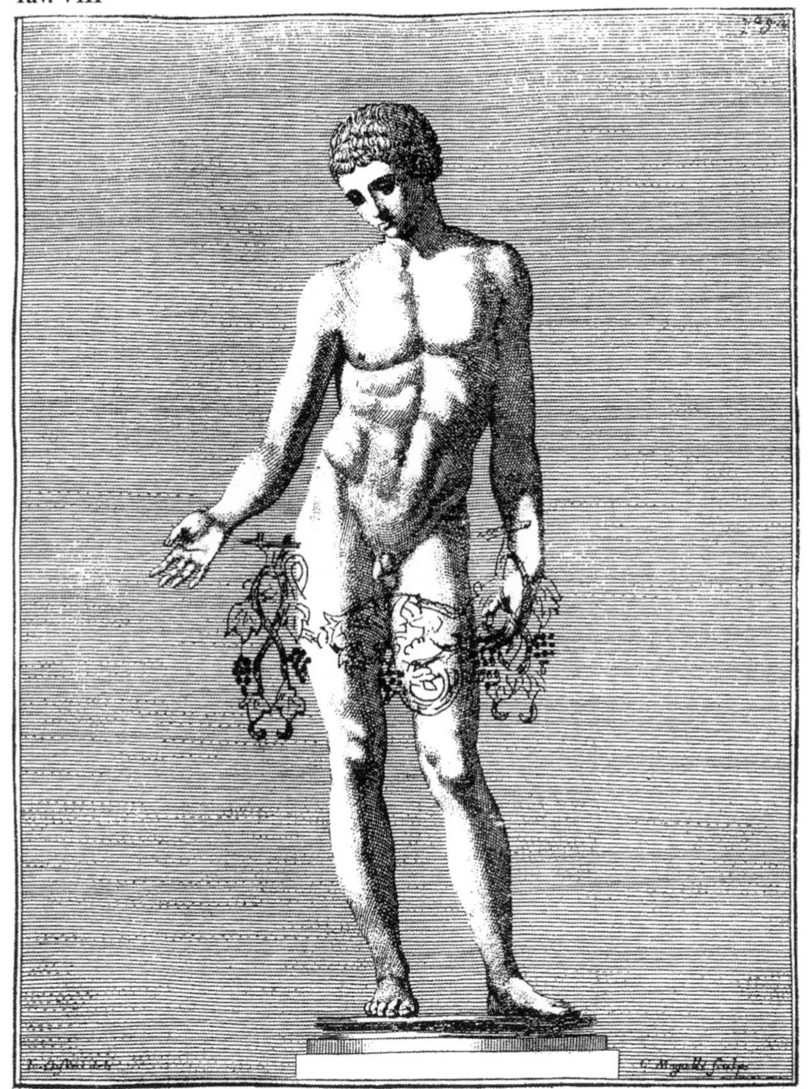

EX AERE ALTA PEDES GRÆCOS V VNCIAS III OLIM
IN MVSEO ROBOREO NVNC IN MEDICEO
*Reperta Piſauri A. D. 1530. Mancin. in Pref. ad Stat. Piſaur.*

Abb. 9. — Idolino in einem Stich von 1738, den Luigi Beschi zeichnerisch mit den Rebzweigen ergänzte, die er zum Reil wiederfand.

Abb. 10. — Bronzener Lychnouchos aus dem Haus des P. Cornelius Tegetes in Pompeji. Neapel, Nationalmuseum.

im Platanenkranz an ein Symposion denken, an dem philosophische Gespräche im Mittelpunkt standen. Nach dem Vorbild des Platon wurde das Symposion bekanntlich für griechische wie für lateinische Autoren zur literarischen Form. Man denke an Athenaios, Gellius, Macrobius oder an den Christen Lactantius. Vorher, im 1. Jahrhundert hatte es die satirische *cena Trimaichionis* gegeben. Im « mittelplatonischen » 2. Jahrhundert lassen sich besonders gut philosophische Symposien denken. Die Statue des Eros als platonischer Lychnouchos hätte dazu gepaßt. Er dürfte auf einer runden bronzenen Basis gestanden haben, von der oben die Rede war[35]. Seine Lampen, Fackeln oder Kerzen hätten wie der Platanenkranz auf Platonisches verwiesen. Es ist bekannt, welche große Rolle die Lichtsymbolik bei Platon spielt. Erinnert sei nur das Höhlengleichnis am Beginn des 7. Buches der *Politeia.* Eros als dämonischer Lichtträger hätte also an einem mittelplatonischen Symposion neben der praktischen Funktion zugleich symbolische Bedeutung gehabt.

Erika SIMON

35. Vgl Anm. 26.

## LES PARTICIPANTS

| | |
|---|---|
| Jean Charles BALTY | Professeur à l'Université de Paris IV-Sorbonne, Secrétaire général du *LIMC* |
| Giovannangelo CAMPOREALE | Professeur à l'Université de Florence |
| Vassilis LAMBRINOUDAKIS | Professeur à l'Université d'Athènes, Président de la Fondation pour le *LIMC* |
| Jean LECLANT | Secrétaire perpétuel de l'Académie des Inscriptions et Belles-Lettres, Conservateur de la Villa Kérylos, Professeur honoraire au Collège de France |
| Mme Pascale LINANT DE BELLEFONDS | Chercheur au Centre national de la Recherche scientifique |
| Ricardo OLMOS | Chercheur au Consejo superior de Investigaciones científicas |
| Erika SIMON | Professeur émérite de l'Université de Würzburg |

## TABLE DES MATIÈRES

## LES CAHIERS DE KÉRYLOS

**N° 1. — Colloque du 27-30 septembre 1990, « Platonisme et Néoplatonisme — Antiquité et Temps modernes » — Athènes 1991** — épuisé

E. Moutsopoulos, Le modèle platonicien du système ontologique plotinien

J.-F. Mattéi, Du mythe hésiodique des races au mythe homérique des Muses dans la *République*

A. Thivel, Hippocrate vu par Platon

N.-L. Cordero, Les circonstances atténuantes dans le parricide du *Sophiste* de Platon

J.-M. Gabaude, Les *Ennéades* et l'expression poétique de la métaphysique

L. Jerphagnon, Plotin ou l'anti-Narcisse

M. Dixsaut, Le sens d'une alternative (*Phédon*, 78 b) ou : de l'utilité des commentaires néo-platoniciens

A. Charles-Saget, Le philosophe et le sacré. Réflexions sur le caractère hiératique de la philosophie chez Jamblique

M. Koutlouka, La notion du temps, de l'Antiquité au christianisme

I. Gobry, La ténèbre (γνόφος) : l'héritage alexandrin de saint Grégoire de Nysse

M. de Gandillac, La renaissance du platonisme selon Marsile Ficin

K. Christodoulou, De quelques aspects du « platonisme » de Montaigne

J. Dillon, Notre perception du monde extérieur selon Plotin et Berkeley

A. Pigler-Rogers, Interprétation de la durée chez Plotin et Bergson

C. Spantidou, Plotin et S. J. Perse : la rencontre lumineuse

P. Rodrigo, Τῆς ψυχῆς ἐπιμελεῖσθαι. Jan Patočka, Platon et la phénoménologie

D. O'Brien, Platon et Plotin sur les parties de l'autre (résumé)

L. Westra, Liberté, créativité et l'un de Plotin (résumé)

**N° 2. — Colloque de l'automne 1991, « Les Grecs et l'Occident » — Rome 1995 – 14 €**



**N° 3. — Colloque du 29-30 octobre 1992, « Architecture du Rêve » — Paris 1994 —** épuisé

## N° 4. — Colloque du 30 septembre-3 octobre 1993, « Le Romantisme et la Grèce » — Athènes 1994 — 14 €



## N° 5. — Colloque du 6-9 octobre 1994, « Entre Égypte et Grèce » — Paris 1995 — 14 €

## N° 6. — Colloque du 6-7 octobre 1995, « L'Académie des Inscriptions et Belles-Lettres et l'Académie des Beaux-Arts face au message de la Grèce ancienne » — Paris 1996 — 14 €



## N° 7. — Colloque du 4-5 octobre 1996, « Regards sur la Méditerranée » — Paris 1997 — 14 €

## N° 8 — Colloque du 3-4 octobre 1997, « Le théâtre grec antique : la tragédie » — Paris 1998 — 18 €

**N° 9. — Colloque du 2-3 octobre 1998, « Alexandrie : une mégapole cosmopolite » — Paris 1999 — 18 €.**

S. Exc. Pierre HUNT, Adresse : L'année France-Égypte 1998

J. LECLANT, Allocution d'accueil

M. CHAUVEAU, Alexandrie et Rhakôtis : le point de vue des Égyptiens

G. LE RIDER, Le monnayage d'or et d'argent frappé en Égypte sous Alexandre : le rôle monétaire d'Alexandrie

J.-Y. EMPEREUR, Travaux récents dans la capitale des Ptolémées

F. BURKHALTER-ARCE, Les fermiers de l'arabarchie : notables et hommes d'affaires à Alexandrie

N. GRIMAL, L'Un et les autres

B. MEYER, Les *Magiciennes* de Théocrite et les papyrus magiques

F. CHAMOUX, Le poète Callimaque et le rayonnement culturel d'Alexandrie

A. LARONDE, Alexandrie et Cyrène

Cl. NICOLET, Alexandrie et Rome : peut-on comparer ?

J. MÉLÈZE MODRZEJEWSKI, Espérances et illusions du judaïsme alexandrin

M. PHILONENKO, La Bible des Septante

G. DORIVAL, Les débuts du christianisme à Alexandrie

A. LE BOULLUEC, La rencontre de l'hellénisme et de la « philosophie barbare » selon Clément d'Alexandrie

J. SIRINELLI, Clément d'Alexandrie, cosmopolitisme, œcuménisme

D. ROQUES, Alexandrie tardive et protobyzantine (IVe-VIIe s.) : témoignages d'auteurs

R. SOLE, La « Place des Consuls » à Alexandrie

**N° 10. — Colloque du 1er-2 octobre 1999, « Le théâtre grec antique : la comédie » — Paris 2000 — 18 €**

J. LECLANT et R. VIAN DES RIVES, Préambule

J. LECLANT, Allocution d'accueil

J. JOUANNA, Présentation du colloque

J.-M. GALY, Les moyens de la caricature dans les comédies d'Aristophane

I. RODRÍGUEZ ALFAGEME, La structure scénique dans les *Nuées* d'Aristophane

P. THIERCY, L'utilisation dramaturgique du chœur dans les comédies d'Aristophane

E. MOUTSOPOULOS, La musique dans l'œuvre d'Aristophane

F. JOUAN, Les tribunaux comiques d'Athènes

**N° 11. — Colloque du 13-14 octobre 2000, « Histoire et historiographie dans l'Antiquité » — Paris 2001 — 18 €**

F-87350 PANAZOL
N° Imprimeur : 2046070-02
Dépôt légal : Juillet 2002